Georges Dottin

La religion des Celtes

AVANT-PROPOS

Les dieux et les pratiques religieuses des Celtes et des Gallo-Romains ont fait l'objet de nombreuses études. H. d'Arbois de Jubainville, H. Gaidoz, A. Bertrand, S. Reinach, C. Jullian ont tiré des textes, des inscriptions et des monuments figurés tout ce qu'ils pouvaient comporter de renseignements précis, de déductions ingénieuses et d'hypothèses raisonnables. Ce petit livre n'a donc aucune prétention à l'originalité. J'ai tâché d'y exposer simplement et clairement l'état de nos connaissances sur la religion des Celtes, en complétant et en précisant sur un certain nombre de points le compte-rendu du livre d'Alexandre Bertrand, *La religion des Gaulois*, les druides et le druidisme que j'ai donné dans la *Revue de l'histoire des religions*, t. XXXVIII, p. 136-152.

CHAPITRE I

LES SOURCES

Auteurs grecs et latins — Inscriptions — Monuments figurés — Monnaies — Noms de lieu — Littérature irlandaise — Littérature galloise — Néo-druidisme

Tous les renseignements directs que nous pouvons recueillir sur la religion des Celtes proviennent des écrivains de l'antiquité et des monuments épigraphiques.

Un grand nombre d'écrivains grecs et latins nous font connaître les divinités, les idées et les pratiques religieuses, les prêtres des peuples celtiques[1]. Parmi les Grecs on peut citer: Timée dans un passage conservé par Diodore de Sicile; Callimaque; Polybe; Sotion d'Alexandrie cité par Diogène Laerce; le voyageur syrien Poseidonios qui visita la Gaule au premier siècle avant notre ère et dont l'histoire a été analysée par Strabon; Diodore de Sicile; Timagène traduit par Ammien Marcellin; Denys d'Halicarnasse; Nicolas de Damas cité par Stobée; Strabon; Plutarque dans la *Vie de Marius* et dans un traité *Des fleuves* qui lui est à tort attribué; Pausanias; Lucien dans son *Héraklès*; Dion Cassius. Quant aux principaux, écrivains latins qui nous intéressent ici, ce sont: César, le seul auteur qui nous ait laissé un exposé quelque peu détaillé de la religion des Gaulois; Cicéron dans le *Pro Fonteio* et le *De Divinatione*; Tite-Live; Trogue Pompée, de la tribu des Voconces, dont l'œuvre historique nous a été conservée sous forme d'un abrégé par Justin; Valère Maxime; Pomponius Méla; Lucain; Pline l'Ancien; Silius Italicus; Tacite; Florus; Suétone; les historiens de l'histoire Auguste; Ammien Marcellin.

Cette longue liste ne doit pas faire illusion. La plupart des écrivains que nous venons d'énumérer ne contribuent que par quelques mots ou quelques phrases à enrichir le fonds de nos connaissances sur la religion des

---

[1] Voir H. d'Arbois de Jubainville, *Cours de littérature celtique*, t. XII.

Celtes. Les renseignements donnés incidemment sont souvent peu précis et on risque en les serrant de trop près d'en tirer un sens qu'ils n'ont point. De plus, les anciens indiquent rarement les sources auxquelles ils ont puisé, et les éléments essentiels de la critique historique nous font le plus souvent défaut. Quand les sources sont indiquées, nous ne pouvons déterminer dans quelle mesure et avec quelle probité l'écrivain s'en est servi ; les citations sont-elles faites de mémoire ou exactement copiées ?

Enfin, les notions que nous pouvons glaner chez les auteurs de l'antiquité se répartissent sur plusieurs siècles et s'étendent à toutes les contrées où les Celtes ont séjourné. Nul n'oserait affirmer que du troisième siècle avant J.-C., où vivait Timée, au temps d'Ammien Marcellin (IVe siècle après J.-C.), les pratiques religieuses des Gaulois fussent demeurées immuables. On ne pourrait avec plus de raison soutenir que les Galates d'Asie Mineure, les Celtibères d'Espagne, les Gaulois de la Cisalpine, les Celtes qui pillèrent Delphes et ceux qui prirent Rome, les Gaulois transalpins et les Celtes de Grande-Bretagne eussent professé les mêmes doctrines et adoré les mêmes dieux, sans que le contact avec des nations étrangères eût en rien altéré les vieilles croyances de la race. Les témoignages des anciens sur la religion des Celtes ne peuvent donc être utilisés qu'avec prudence ; dispersés dans l'espace et dans le temps, de valeur et d'importance variable, ils se prêtent malaisément à une construction d'ensemble.

Les inscriptions trouvées en pays celtique et contenant des dédicaces à des dieux se rencontrent en France, dans la province rhénane, en Alsace, dans les Pays-Bas. Mais on ne peut être sûr d'avoir affaire à des divinités celtiques si l'on n'a d'autre raison de le supposer que la provenance de l'inscription. On peut fort bien rencontrer en pays celtique une dédicace à une divinité étrangère ou *vice versa*. La grammaire comparée seule permet de résoudre la question. Il faut que le nom de la divinité s'explique par les langues celtiques, ou soit apparenté à des noms dont la provenance celtique n'est pas douteuse, pour que ce nom ait droit de figurer dans une histoire de la religion des Celtes. Mais les langues celtiques, si l'on excepte les nombreux noms de personnes et de lieux que nous ont conservés les textes de l'antiquité et les inscriptions, n'offrent de textes suivis qu'à partir du VIIIe siècle. La comparaison n'est donc possible que si l'on restitue le vocabulaire des langues celtiques dans l'état où il se présentait à une

époque contemporaine de l'inscription qu'il s'agit d'étudier. Cette étude minutieuse n'est pas possible si l'on n'a pas une sérieuse préparation philologique. Quant aux divinités dont le nom n'est pas celtique, en l'absence de textes historiques, il est impossible de décider si elles ont été ou non adorées par les peuples celtiques,

En dehors des textes et des inscriptions, nous n'avons plus de documents qui nous permettent d'étudier directement la religion des Celtes. Comment déterminer l'origine des dieux anonymes dont on a trouvé de nombreuses et caractéristiques représentations figurées ? Un très petit nombre de ces monuments sont antérieurs à la conquête romaine. Sont-ils des vestiges des cultes locaux antérieurs à l'invasion des Celtes en Gaule, ou ont-ils été introduits en Gaule par les marchands et les légionnaires romains ? Rien ne nous permet de le déterminer. Il faut prendre garde, aussi, que des statuettes artistiques peuvent ne pas avoir la signification religieuse que nous leur prêtons. Quand il s'agit de peuples anciens, nous sommes disposés à attacher une signification mystérieuse et symbolique à tous les objets d'art et à tous les détails d'ornementation. Personne ne s'aviserait aujourd'hui d'étudier les formes de nos bijoux, les dessins de nos vêtements et de nos meubles, les sculptures décoratives de nos maisons et d'en tirer des conclusions sur notre état religieux. Quand il s'agit de l'antiquité, au contraire, tout devient matière à hypothèse mystique, et l'histoire de l'art est absorbée par l'histoire des religions. Une statuette qui ne porte pas le nom d'un dieu peut fort bien n'avoir jamais été l'objet d'aucun culte.

Les monnaies ou les médailles gauloises peuvent offrir des représentations de dieux ou de symboles religieux sans qu'il soit souvent possible d'attribuer avec sûreté ces représentations à la religion des Celtes (²).

On peut rechercher dans quelques noms de lieu les noms de divinités celtiques sous la protection desquelles on aurait mis une citadelle nouvellement fondée. Mais comme les noms divins ont été de bonne heure employés pour désigner des hommes, on peut se demander souvent si au lieu d'un dieu ce n'est pas plutôt d'un homme à nom divin que tel ou tel lieu tire son nom. On se tromperait beaucoup si l'on croyait que tous les anciens Mercuriacus de France, devenus aujourd'hui Mercuray, Mer-

---

² Voir des articles de A. de Barthélemy dans la *Revue numismatique*, 1884, p. 179-202, et dans la *Revue Celtique*, t. I, p. 306-319 ; XII, 309-316.

curey, Mercoirey, Mercury sont dérivés du nom de dieu Mercurius. Ils proviennent plus vraisemblablement du gentilice romain Mercurius, assez fréquent dans les inscriptions, et au lieu de désigner l'emplacement de temples de Mercure, dénomment simplement *le fundus*, la propriété d'un Gallo-Romain du nom de Mercurius.

Enfin, on s'est demandé si l'on ne pouvait trouver dans l'ancienne littérature des Irlandais et des Gallois des traces de la mythologie celtique([3]). En Irlande, l'épopée a pris la forme de longues compositions en prose, mélangées de dialogues et de monologues lyriques en vers. Ces compositions se répartissent en trois cycles; le cycle qui retrace les luttes des premiers habitants de l'Irlande contre les envahisseurs, le cycle d'Ulster dont les principaux héros sont Cûchulainn et le roi Conchobar; le cycle de Leinster où sont racontés les hauts faits de Finn mac Cumall (le Fingal de Macpherson) d'Oisin (Ossian) et de leurs compagnons. Les Annales irlandaises placent Finn au IIIᵉ siècle de notre ère. Conchobar et Cûchulainn vivaient vers le début de l'ère chrétienne. Le premier cycle, que nous ne connaissons que par des résumés du XVIᵉ siècle, retrace des événements plus anciens antérieurs de quelques siècles à notre ère. Sur quelles données historiques est fondée l'épopée irlandaise? C'est une question à laquelle on ne pourra répondre qu'après un examen critique approfondi des Annales irlandaises. Toujours est-il que cette épopée a été remaniée sous l'influence des idées chrétiennes, et qu'on n'y trouve aucune trace d'offrandes ou de prières à des divinités. Les éléments merveilleux qui y abondent sont des faits de magie et de sorcellerie ainsi que les prodiges variés que l'on rencontre dans les contes populaires. Essayer de déterminer à l'aide des épisodes de la vie d'un héros irlandais les attributs primitifs de la divinité dont il est une transformation évhémériste demande beaucoup d'ingéniosité et d'érudition; je doute que les résultats acquis à la science soient jamais équivalents aux efforts dépensés à ces recherches curieuses. La comparaison de l'épopée irlandaise avec les textes grecs et latins et les monuments de l'épigraphie gallo-romaine ne peut nous donner que des rapprochements de coutumes ou de noms propres; coutumes signalées comme particulières aux Celtes et conservées ou modifiées dans quelque mesure par les Gaëls d'Irlande;

---

[3] Sur la littérature gaélique de l'Irlande, voir *Revue de synthèse historique*, t. III, p. 60-97; et sur la littérature galloise, *ibid.*, t. VI, p. 317-362.

noms ou épithètes de dieux gallo-romains servant en Irlande à désigner des guerriers ou des artisans fameux. Mais il est invraisemblable que les idées religieuses des Celtes de l'île d'Erin telles qu'elles nous apparaissent dans des poèmes épiques rédigés sans doute au VIᵉ siècle ne soient pas très différentes des conceptions théologiques des Gaulois du temps de César, et il serait sans doute imprudent de restituer à l'aide de l'épopée irlandaise le vieux Panthéon celtique.

La littérature du Pays de Galles ne nous offre pas plus de ressources pour l'étude de la mythologie celtique. L'épopée en prose mélangée de poèmes lyriques s'est scindée chez les Gallois en deux genres distincts : le roman de chevalerie en prose et l'ode. Les plus anciennes odes sont l'œuvre de bardes du XIᵉ siècle. Les plus anciens romans connus sous le nom de *Mabinogion* ne sont pas antérieurs au commencement du XIIᵉ siècle. On peut retrouver dans les poèmes lyriques quelques éléments épiques, et y reconnaître des personnages de la légende celtique ; mais l'obscurité de la poésie galloise, qui est surtout fondée sur l'harmonie des voyelles et des consonnes, ne permet pas de tirer grand profit des rapprochements que ces poèmes peuvent suggérer. Quant aux *Mabinogion*, quatre d'entre eux nous retracent plus spécialement les traditions communes aux Gaëls et aux Bretons. On y peut trouver quelques éléments des mythes familiers aux Celtes des îles Britanniques sans que l'on puisse déterminer si ces mythes ont été connus des Celtes du continent ([4]). Il est peut-être superflu d'ajouter ici que le néo-druidisme est une création de l'imagination fertile et facétieuse le quelques érudits gallois du XVIIIᵉ siècle. C'est en vain qu'Edward Williams et, après lui, Edward Davies ont essayé de démontrer que les bardes gallois étaient restés les dépositaires des secrets des anciens druides de l'île de Bretagne et qu'ils avaient continué à pratiquer en secret depuis l'introduction du christianisme, la religion druidique. Ces deux ingénieux savants n'ont pu fonder leur doctrine que sur un roman merveilleux du commencement du XVIIᵉ siècle, l'histoire de Taliesin, qui reproduit quelques pièces attribuées faussement au célèbre barde du VIᵉ siècle, et sur une collection d'écrits plus

---

[4] Sur ce sujet outre les ouvrages de H. d'Arbois de Jubainville et de J. Rhys, il faut encore citer les nombreux ouvrages de A. Nutt et particulièrement *Studies on the legend of the holy Grail with especial references to the hypothesis of its Celtic origin*, London, 1888, et un article intitulé Celtic myth and saga dans *The Folklore journal*, t. II, p. 234 et suiv.

ou moins authentiques réunis par Llywelyn Sion de Llangewydd qui vivait au XVIᵉ siècle (⁵). Ils n'ont réussi à trouver dans des textes plus anciens des traces de mythologie cosmique qu'en expliquant par des symboles les phrases les plus simples, à la manière de H. de la Villemarqué qui publia dans le *Barzaz-Breiz* comme poème druidique une formulette bretonne destinée à apprendre à compter aux petits enfants et connue sous le nom de Vêpres des grenouilles (⁶).

Les sources de l'histoire religieuse des Celtes, manifestement insuffisantes, ne pourront fournir les éléments d'un exposé suivi qu'à condition que l'on comble par l'interprétation et l'hypothèse les lacunes considérables qu'elles laissent dans nos connaissances. Tous les efforts du critique devront tendre à ne pas franchir la limite qui sépare une hypothèse scientifique d'une pure conception de l'esprit.

---

⁵ L'histoire de cette question a été résumée chez Skene, *The four ancient books of Wales*, t. I, p. 1-16, 29-32.
⁶ Cf. *Annales de Bretagne*, t. V, p. 284.

CHAPITRE II

Les dieux

Les divinités assimilées chez les écrivains de l'antiquité et dans les inscriptions gallo-romaines Les divinités à nom celtique — Les monuments
figurés — Les Triades — Signes symboliques

Le texte le plus explicite que nous ayons sur les dieux gaulois se trouve
chez César (⁷). Il semble bien que César rapporte non le résultat de ses ob-
servations personnelles, mais l'opinion d'écrivains antérieurs à lui. S'il eût
étudié lui-même la religion gauloise, il est probable qu'il aurait été à la fois
moins précis et plus exact. D'après César, le dieu que les Gaulois honorent
le plus est Mercure ; ils le regardent comme l'inventeur de tous les arts,
comme le guide des voyageurs et comme présidant à toute sorte de gains
et de commerce. Après lui, ils adorent Apollon, Mars, Jupiter et Minerve.
Ils ont de ces divinités à peu près la même idée que les autres nations.
Apollon guérit les maladies ; Minerve enseigne les éléments de l'industrie
et des arts ; Jupiter tient l'empire du ciel ; Mars celui de la guerre ; c'est à lui,
lorsqu'ils ont résolu de combattre, qu'ils font vœu d'ordinaire de consacrer
les dépouilles de l'ennemi.

Ce passage ne laisse pas de prêter à la critique. Est-il possible que toutes
les tribus gauloises que César nous représente comme différant entre elles
par la langue, les mœurs et les lois (⁸), aient eu les mêmes cinq divinités ?

Quels étaient les noms de ces dieux et de cette déesse dans la langue des
Celtes ? Une assimilation aussi complète entre ces cinq divinités et cinq divinités romaines est-elle vraisemblable ? On est tenté de rappeler l'opinion
d'Asinius Pollion qui pensait que les *Commentaires* de César étaient com-
posés avec peu de soin et d'exactitude ; César aurait étourdiment ajouté foi
la plupart du temps à ce qu'on lui racontait des actions des autres et quant

---

⁷ *De Bello Gallico*, VI, 17.
⁸ *Ibid.*, I, 1.

à ce qu'il avait fait lui-même, il l'avait mal rapporté, soit à dessein, soit faute de mémoire ([9]). Mais César lui-même prend soin de nous avertir que ces assimilations ne sont que des à-peu-près : *de his eandem fere quam reliquae gentes habent opinionem*; et il assimile les attributs des dieux celtiques non pas tant à ceux des dieux romains qu'à ceux des dieux des autres nations.

Quoi qu'il en soit, César ne nous donne des dieux gaulois qu'une physionomie incomplète, sinon inexacte. La plupart des auteurs de l'antiquité ne font pas preuve d'un sens critique plus affiné. Au temps des migrations des Gaulois, leur plus grand dieu semble Arès-Mars ([10]). Chez les Insubres, il y a un temple d'Athéna où l'on abrite les enseignes de guerre ([11]). En 223, des Celtes vouent à Vulcain les armes romaines ([12]). Il faudrait donc ajouter au panthéon celtique restitué par César, un sixième dieu qui pourrait être assimilé au Vulcain romain.

Peut-être aussi, faut-il compter au nombre des dieux Gaulois le Dispater dont les Gaulois se prétendaient tous issus; l'usage de compter le temps par nuits et non par jours se rattachait à cette croyance.

Si des écrivains nous passons aux inscriptions gallo-romaines, nous y retrouvons les noms des cinq grandes divinités romaines, avec des épithètes variées.

Mercure a seize surnoms : Alaunus, Arcecius, Artaius, Arvernorix, Arvernus, Atesmerius, Canetonessis, Cessonius, Cissonius, Cimbrianus, Clavariatis, Dumias, Magniacus, Moccus, Tourevus, Vassocaletus, Vellaunus, Visucius.

Apollon en a onze : Anextiomarus, Bormo ou Borvo, Cobledulitavus, Grannus, Livius, Maponus, Mogounus, Verotutus, Vindonnus, Belenus, Toutiorix.

Mars en a trente-huit : Albiorix, Belatucadrus, Bolvinnus, Britovius, Camulus, Caturix, Cicolluis, Cososus, Dinomogetimarus, Divanno, Glarinus, Halamardus, Harmogius, Lacavus, Latobius, Leherennus, Lelhunnus, Leucetius ou Loucetius, Mallo, Rudianus, Segomo, Toutates, Sinatis, Varo-

---

[9] Suétone, *César*, 56.
[10] Callimaque, IV, 173 ; Florus, I, 20 ; Silius Italicus, IV, 200-202 ; Ammien Marcellin, XXVII, 4, 4.
[11] Polybe, II, 32. Cf. Justin, XLIII, 5, 5.
[12] Florus, I, 20.

cius, Vincius; Belodunnus, Buxenus, Cabetius, Carrus, Cocidius, Condatis, Coronacus, Leucimalacus, Nobelius, Nodons, Rigisarnus, Sediammus, Tritullus.

Jupiter en a quatre: Baginatis, Pœninus, Saranicus, Tanarus ou Taranucus.

Minerve en a quatre: Arnalia, Belisama ou Sulevia, Sulis.

Deux autres dieux romains apparaissent en Gaule avec des épithètes qui ne semblent pas toutes d'origine latine:

Hercule avec deux épithètes: Magusanus, Saxanus.

Silvain avec une épithète: Sinquatus ([13]).

Un grand nombre de ces épithètes s'expliquent dans les langues celtiques. Parmi les épithètes de Mars on peut citer: *Albiorix* dont le second terme est le gaulois *rix* roi, en irlandais *ri*; *Belatucadrus* dont le second terme se retrouve dans le vieux-breton *cadr* beau; *Britovius* dont le radical est sans doute le même que celui de *Brittones* Bretons; *Camulus* qui ressemble au nom de *Cumal* père du héros irlandais Finn, et qui se retrouve dans le premier terme du nom d'homme gaulois *Camulogenus*; *Caturix* «roi du combat» cf. le gallois *cad* et l'irlandais *cath* «bataille»; *Leucetius* ou *Loucetius* semble dérivé du mot celtique qui est devenu en gallois *lluched* éclairs; *Segomo* semble une forme abrégée du nom d'homme gaulois *Segomaros* ou du nom de lieu gaulois *Segodunum*; *Toutates* est un dérivé du mot qui est devenu en irlandais *tuath* peuple, en breton *tud* gens; *Sinatis* est à comparer au nom d'homme gaulois *Sinorix*; *Bello-dunnus* dont le premier terme se trouve dans Bello-vesus (cf. pour l = ll, le doublet Belatulla, Bellatullus); *Condates* dérivé du nom de lieu *Condate* Condé qui signifie confluent; *Nodons* qui semble être le même personnage que le roi irlandais *Nuadu* à la main d'argent et que les Gallois Nudd et Lludd à la main d'argent ([14]); *Rigisamus* dont le second terme entre dans *Samo-rix*.

Parmi les épithètes de Mercure: *Arverno-rix* signifie roi des Arvernes; *Arvernus* est le nom du peuple gaulois bien connu; *Ate-smerius* est un nom dont on retrouve le premier terme dans les noms gaulois *Ate-boduus*, *Atespatus* et le second terme dans *Smertu-litanus*, *Ro-smerta*; Dumias est le nom de la montagne du Puy de Dôme; *Moccus* est la forme ancienne du breton

[13] A. Bertrand, *La religion des Gaulois*, p. 325, 326, 327, 329, 330, 331.
[14] H. d'Arbois de Jubainville, *Cours de littérature celtique*, t. II, p. 155.

moc'h cochon ; *Vasso-caletus* est formé de deux mots celtiques : *vassos*, actuellement en breton *gwaz* garçon et Caletes nom de la peuplade gauloise qui occupait le pays de Caux ; *Vellaunus* est conservé comme second terme dans le nom propre breton *Cat-wallaun* qui signifie « brave au combat ».

Parmi les surnoms d'Apollon : *Anextio-marus* qui a pour second terme l'adjectif *maros*, en breton *meur* grand ; dans *Cobledu-litavus*, le second terme est apparenté à *litanus* de *Smertu-litanus* ; *Mogounus* est apparenté au nom gaulois *Mogetilla* ; *Vero-tutus* à *Vero-dunum* ; *Vindonnus* dont le premier terme se trouve dans le nom de ville celtique *Vindo-bona* est conservé en irlandais sous la forme *find*, en breton sous la forme *guenn* blanc ; les deux termes de *Toutio-rix* sont celtiques.

Les surnoms de Jupiter s'expliquent difficilement dans les langues celtiques ; il en est de même de ceux d'Hercule, de Silvain et de Minerve à l'exception peut-être du surnom *Beli-sama* que l'on peut comparer pour le second terme à Rigi-samus.

Ces exemples suffisent à démontrer que la plupart de ces surnoms appliqués en Gaule aux dieux romains, sont d'origine celtique. On peut se demander quelle en est la valeur. Cette valeur est évidemment variable. Certains de ces surnoms sont employés tantôt comme épithètes, tantôt seuls. Tels sont Borvo, Grannus, Belenus, Segomo, Camulus, Belatucadrus, Nodons (Nodens ou Nudens) [15], Sulis, Belisama. Dans ce cas, il est probable que ces surnoms sont les noms mêmes des divinités celtiques. Quelquefois le surnom a une signification locale : *Arvernus* Arverne, *Cimbrianus* de Cimbrie, *Condates* de Condé, *Pœninus* des Alpes Pennines ; il est alors vraisemblable que nous avons affaire à une divinité romaine, objet d'un culte local. Restent les surnoms qui n'ont pas un sens local et qui ne s'emploient que comme épithètes. Un certain nombre d'entre eux peuvent désigner des divinités gauloises que l'on a assimilées à celles des divinités romaines qui avaient des attributs analogues.

L'étude des inscriptions gallo-romaines complète donc et rectifie le texte de César. Les dieux romains auxquels les dieux gaulois ont été assimilés sont bien Mercure, Mars, Apollon, Jupiter et Minerve. Il faudrait y ajouter peut-être Hercule et Silvain. Le nom de Mercure est bien moins fréquent dans les inscriptions que celui de Mars. Peut-on en conclure qu'à l'époque gallo-romaine le grand dieu des Celtes était, comme à l'époque des

---

[15] *Corpus inscriptionum latinorum*, t. VII, p. 4, n°s 138, 139, 140.

invasions, un Mars plutôt qu'un Mercure? Ou bien, pour adopter la séduisante hypothèse de M. Jullian [16], Mars et Mercure ne seraient-ils que deux aspects différents du même dieu qui présidait à la fois aux travaux de la guerre et à ceux de la paix? Tite-Live [17] nous a vaguement conservé le souvenir d'un roi des Celtes Ambigatus ou Ambicatus [18] qui avait réuni sous sa domination vers la fin du cinquième siècle avant notre ère une grande partie de l'Allemagne actuelle et de l'Autriche, la France moins le bassin du Rhône, et près des deux tiers de la péninsule ibérique [19]. Il est possible que l'unité politique ait alors été complétée chez les Celtes par une sorte d'amphictyonie religieuse, et que les diverses nations celtiques aient reconnu un dieu suprême protecteur de toute la race. Quand l'empire d'Ambicatus se fut démembré et que le lien qui unissait les tribus des Celtes se fut relâché, les dieux locaux, dont le prestige avait du quelque temps céder à l'autorité du dieu suprême, furent de nouveau l'objet d'ex-voto et de dédicaces.

A côté des dieux qui ne nous sont connus que sous des noms latins accompagnés ou non d'épithètes celtiques, on trouve, tant chez les écrivains que dans les inscriptions, les noms celtiques de quelques divinités. C'est d'abord chez Lucain les vers célèbres où il énumère trois divinités celtiques: Taranis dont l'autel n'est pas plus doux que celui de la Diane scythique, le cruel Teutatès que l'on apaise par un sang affreux, et l'horrible Hésus aux sauvages autels [20]. Taranis est à comparer au Deo Taranucno «fils de Taranus» d'une inscription [21] et s'explique sans doute par le gallois *taran* «tonnerre». Nous avons déjà trouvé, comme épithète de Mars, Toutates qui est une variante de Teutatès. Nous parlerons plus loin de l'Esus de l'autel de Paris dont le nom forme le premier terme des noms d'hommes gaulois *Esu-genus*, *Esu-nertus*. Peut-être Lucain nous donne-t-il ainsi les noms celtiques des dieux assimilés aux grands dieux des Romains. Taranis serait un Jupiter; Teutatès un Mars; cependant, les scholiastes de Lucain

---

[16]   *Revue des études anciennes*, t. IV, p. 109.
[17]   Livre V, ch. xxxiv.
[18]   Cette forme est due à Whitley Stokes.
[19]   H. d'Arbois de Jubainville, *Cours de littérature celtique*, t. VI, p. 223-229.
[20]   *Pharsale*, I, 444-446.
[21]   *Corpus inscriptionum latinarum*, t. XIII, n° 6094.

identifient Teutatès à Mercure ([22]). D'autre part, le culte d'Esus, Taranis et Teutatès semble être localisé chez quelques peuplades gauloises ([23]).

Lucien nous apprend que les Celtes donnent à Héraclès le nom d'Ogmios : « Ils le représentent sous la forme d'un vieillard très âgé, chauve sur le sommet de la tête ; le peu de cheveux qui lui restent sont entièrement blancs. Il a la peau ridée et brûlée par le soleil au point d'être noire. Il est revêtu de la peau de lion ; il tient la massue dans sa main droite ; de la gauche il présente un arc tendu ; un carquois est suspendu à son épaule. Cet Héraclès vieillard attire à lui une multitude considérable qu'il tient attachée par les oreilles ; les liens dont il se sert sont de petites chaînes d'or et d'ambre, d'un travail délicat et semblables à des colliers de la plus grande beauté. Malgré la faiblesse de leurs chaînes, ces captifs ne cherchent point à prendre la fuite, quoiqu'ils le puissent aisément, et loin de faire aucune résistance, de roidir les pieds, de se renverser en arrière, ils suivent avec joie celui qui les guide ; ils le comblent d'éloges ; ils s'empressent de l'atteindre, ils voudraient même le devancer et par cette ardeur ils relâchent leur chaîne ; on dirait qu'ils seraient fâchés de recouvrer leur liberté. Ce qu'il y a de plus bizarre dans cette peinture, c'est que l'artiste, ne sachant où attacher le bout des chaînes, car la main droite du héros tient une massue, la gauche un arc, a imaginé de percer l'extrémité de la langue du dieu et de faire attirer par elle tous ces hommes qui le suivent. Héraclès, le visage tourné vers eux, les conduit avec un gracieux sourire ([24]). » Nous retrouvons le dieu Ogmios dans la littérature épique de l'Irlande, en la personne d'Ogmé, un des champions des Tuatha Dé Danann, dont l'épithète ordinaire est *grianainech*, « à la face du soleil » l'inventeur de l'écriture oghamique ([25]). Le texte de Lucien nous donne un exemple intéressant de la méthode suivie dans l'assimilation des dieux celtiques aux dieux étrangers. Ces assimilations sont semble-t-il, encore plus superficielles qu'on ne le pouvait supposer. Un dieu grec s'appelle Héraclès ; c'est le dieu de la force virile ; on le représente d'ordinaire sous la forme d'un homme fort, barbu ou imberbe, tantôt assis avec une expression de lassitude ou de courage

---

[22] Cf. Jullian, *Revue des études anciennes*, t. IV, p. 113 et suiv.
[23] S. Reinach, *Revue Celtique*, t. XVIII, p. 137-149.
[24] *Héraklès*, 1-3.
[25] Zeuss, *Grammatica celtica*, 2ᵉ éd., p. 1 note.

satisfait, tantôt debout, animé d'un mouvement impétueux, appuyé sur la massue, la peau de lion drapée sur le bras gauche. Un dieu des Celtes s'appelle Ogmios ; c'est le dieu de l'éloquence ; on le représente sous la forme d'un vieillard armé d'un arc, conduisant avec sa langue les hommes enchaînés par les oreilles. Il a suffi qu'un peintre, voulant manifester aux yeux la force de l'éloquence, eût ajouté à Ogmios la massue et la peau de lion d'Héraclès, pour qu'on regardât Ogmios comme l'Héraclès gaulois et qu'on établit entre les deux divinités un rapport fondé uniquement sur un attribut symbolique.

Dion Cassius ([26]) signale le culte chez les Bretons de Boudicca d'une déesse de la Victoire, Andaté ou Andrasté à laquelle on offrait des sacrifices humains. Le nom de cette déesse semble une mauvaise leçon du nom grec *Adrastê* « l'Inévitable », traduction ou défiguration d'un nom celtique (Cf. Andarta, déesse des Voconces).

Les inscriptions nous font connaître encore les noms d'autres divinités celtiques qui n'ont point été assimilées à des divinités romaines. Nous avons déjà parlé de Borvo, Grannus, Belenus, quelquefois assimilés à Apollon ; de Camulus, Bellatucadrus, Nodons, Segomo, quelquefois assimilés à Mars ; de Belisama, Sulis, quelquefois assimilées à Minerve. Deux inscriptions des Pyrénées nous font connaître le nom d'un dieu Abellio, au datif Abellioni ([27]) ; ce nom peut être d'origine celtique. Une dédicace votive porte le nom d'une déesse auquel manque la lettre initiale : *athuboduae* ; on a restitué un *c* et comparé *Cathuboduae* à *Bodb* héroïne de l'épopée mythique irlandaise ([28]). Les déesses-mères, Matres ou Matronae, auxquelles sont adressées en Gaule de nombreuses dédicaces semblent être des divinités spéciales aux Celtes et, aux Germains. Elles sont souvent groupées par trois.

Les inscriptions les plus intéressantes sont celles qui sont jointes à des monuments figurés. Parmi ces monuments, les plus curieux sont les autels trouvés à Paris en 1710, et conservés au musée de Cluny. Une des faces de ces autels représente un dieu à tête humaine ornée de deux cornes de bélier ; le nom gravé au-dessus de la sculpture est Cernunnos. Une autre

---

[26] *Histoire romaine*, LXII, 6, 7.
[27] A. Bertrand, *La religion des Gaulois*, p.146.
[28] *Revue celtique*, t. I, p.32-57.

face représente un bûcheron abattant un arbre et porte le nom d'Esus. Une troisième face est ornée d'un taureau sur lequel sont perchés trois oiseaux ressemblant à des grues, deux sur le dos, un sur la tête du taureau ; le fond du bas-relief est constitué par des feuillages ; l'inscription porte TARVOS TRIGARANUS qui s'explique facilement par l'irlandais *tarbh*, le breton *tarv* taureau ; l'irlandais et le breton *tri* trois ; le breton et gallois *garan* grue, et signilie le « Taureau aux trois grues ».

Sur une quatrième face est figuré un homme barbu armé d'une massue dont il menace un serpent. On y lit le nom gaulois Smertullos [29]. Les autres faces des autels portent Jupiter, Castor, Pollux et Volcanus.

On a rapproché les diverses figures de ce monument des représentations analogues. L'autel de Reims nous offre un dieu assis, les jambes croisées, pressant de la main droite un sac d'où s'échappent des graines que mangent un cerf et un taureau figurés à la partie inférieure du bas-relief ; ce dieu a sur la tête des bois de cerf ; à sa droite est un Apollon ; à sa gauche un Mercure. Ce dieu à caractère semi-humain semi-bestial se retrouve sur le chaudron de Gundestrup conservé au musée de Copenhague. On peut y comparer le dragon à tête de bélier qui orne des autels tricéphales, la face latérale de la niche d'un Hermès et le chaudron de Gundestrup [30] ; et peut-être, dans l'histoire mythique de l'Irlande, les Fomoré, antagonistes des Tuatha Dé Danann et peuple envahisseur, qui portent l'épithète de *goborchind* « à tête de chèvre » [31].

Sur l'autel de Trêves, est figuré un bûcheron abattant un arbre. Sur les branches de cet arbre sont perchées trois grues et on aperçoit dans le feuillage une tête de taureau. C'est évidemment une représentation abrégée du mythe représenté sur deux faces de l'autel de Paris. M. S. Reinach a comparé les deux autels et démontré que Tarvos Trigaranus et Esus appartenaient à la même scène [32]. L'interprétation de cette scène présente de grandes difficultés. M. d'Arbois de Jubainville [33] a eu l'ingénieuse idée d'en chercher la survivance dans deux épisodes de la principale épopée du

---

[29] H. d'Arbois de Jubainville, *Revue archéologique*, 1900, 10 p. 66-74.
[30] A. Bertrand, *op. cit.*, p. 315-317, 368, planche XXX.
[31] H. d'Arbois de Jubainville, *Cours de littérature celtique*, t. II, p. 95.
[32] *Revue celtique*, t. XVIII, p. 253-266.
[33] *Revue celtique*, t. XIX, p. 245-250.

cycle d'Ulster, l'Enlèvement des vaches de Cualngé. Dans l'un de ces épisodes, Cûchulainn, le champion d'Ulster, abat des arbres pour retarder la marche de l'armée ennemie. Dans un autre épisode, la fée Morrigu, sous la forme d'un oiseau, conseille la fuite au taureau Donn. Il y aurait là la mise en action d'une ancienne tradition celtique dont l'écho serait venu jusqu'en Irlande. Le nom d'homme gaulois Donnotaurus qui semble bien signifier « taureau Donn » est encore une preuve de la communauté des légendes entre les Gaulois et les Irlandais. Mais la légende irlandaise ne saurait nous renseigner sur la signification primitive du mythe du bûcheron et du taureau aux trois grues.

L'autel de Sarrebourg étudié récemment par M. Salomon Reinach [34] représente un personnage debout, tenant de la main gauche un maillet à longue hampe et de la main droite un vase. A sa droite est une femme de même grandeur, complètement drapée, tenant de la main gauche levée une longue hampe surmontée d'une espèce d'édicule et abaissant la main droite, qui tient une patère, vers un autel. Une inscription placée au-dessus du bas-relief nous apprend que le dieu s'appelle Sucellos et sa parèdre Nantosuelta. Si le second nom est assez obscur, quoiqu'on puisse rapprocher *Nanto* de l'Irlandais *Nêt* guerrier de l'épopée irlandaise, Sucellos est évidemment celtique ; le premier terme se retrouve dans les noms gaulois Su-carus, Su-essiones, et le sens du mot semble être « qui frappe bien » ou « qui a un bon marteau ». Le dieu au maillet est une divinité dont l'on a trouvé d'autres représentations qui le plus souvent ne diffèrent guère du Sucellos de Sarrebourg. La plus singulière représente un dieu barbu revêtu d'une peau de lion, s'appuyant de la main gauche sur une hampe et tenant de la main droite un vase ; derrière lui se dresse au-dessus de sa tête un énorme maillet dans lequel sont fichés cinq maillets plus petits rangés en demi-cercle. M. de Barthélemy pense que le dieu au maillet est le Dispater légendaire des Gaulois [35]. Quant au dieu figuré avec une roue sur l'épaule ou à ses pieds, M. H. Gaidoz le regarde comme le dieu gaulois du Soleil ; mais les représentations qu'on en a conservées n'ont point d'inscriptions et il nous est impossible de savoir si cette divinité portait un nom celtique ou non. L'origine celtique ne peut pas non plus être démontrée pour les

---

[34] *Revue celtique*, t. XVII, p. 45 et suiv.
[35] *Revue celtique*, t. I, p. 1-8 ; cf. XXII, p. 159-164.

divinités tricéphales de Reims, de Dennevy, de Beaune et la singulière statuette d'Autun ([36]).

La déesse romaine Epona représentée souvent sous la forme d'une femme assise sur un cheval est sans doute une divinité d'origine celtique ([37]) ; son nom s'explique par le breton *ebeul* poulain ; cf. le mot gaulois *epo-redias* « conducteurs de chevaux », que Pline l'Ancien ([38]) nous fait connaître.

Nous avons quelques représentations des divinités des eaux ; un fragment d'une statue de la déesse Sequana ; un buste d'une divinité appelée Dirona (par un *d* barré, spirante dentale souvent représentée par *s* de l'alphabet latin). Mais parmi toutes les nymphes des eaux auxquelles des ex-voto ont été offerts en Gaule : Acionna, Aventia, Carpunda, Clutonda, Divona, Ura, il en est peu dont les noms soient celtiques. Les fleuves divinisés Icaunis, Matrona ([39]), portent des noms qui peuvent être antérieurs à l'occupation de la Gaule par les Celtes, et qui en tout cas ne s'expliquent pas facilement par les langues celtiques.

Le Rhin dont Viromarus se vantait d'être issu ([40]) a-t-il été dénommé par les Celtes, et le culte dont il était l'objet a-t-il été inauguré ou continué par les Celtes ? Nous ne pouvons répondre à cette question.

Faut-il regarder comme celtiques les noms des divinités des montagnes : Vosegus dieu des Vosges, Arduinna déesse des Ardennes ([41]).

Deux inscriptions témoignent du culte rendu à une ville divinisée : Bibracte, la métropole des Éduens ([42]). D'après M. H. d'Arbois de Jubainville ([43]), le nom de Lyon, Lugudunum, dont le second terme est le nom celtique bien connu *dunos*, en irlandais *dun* forteresse, avait pour premier terme le nom d'un dieu gaulois Lugus. On a trouvé dans deux inscriptions le nom de génies Lugoves ([44]), qui est le pluriel en celtique de Lugus. Dans l'épopée irlandaise, Lug, le bon ouvrier capable d'exécuter tout ouvrage qu'on lui confie, a gardé sans doute quelques traits de son ancêtre gaulois

---

[36] A. Bertrand, *La religion des Gaulois*, p. 316, 317, 318 et planches XXVII, XXVIII.
[37] S. Reinach, Epona, *Revue archéologique*, 1895, t. XXVI, p. 163-195, 309-335.
[38] *Histoire naturelle*, livre III, 21, 2.
[39] A. Bertrand, *La religion des Gaulois*, p. 195.
[40] Properce, IV, 10, 41.
[41] *Corpus inscriptionum latinarum*, VI, 46 ; *Corpus inscriptionum rhenanarum*, 589.
[42] *Revue celtique*, t. I, p. 306-319.
[43] *Revue celtique*, t. X, p. 238.
[44] *Revue celtique*, t. VI, p. 488-490 ; Cf. *Cours de littérature celtique*, t. II, p. 178.

Lugus, sans qu'il soit possible de restituer avec quelque précision la physionomie de celui-ci.

Les divinités celtiques sont souvent, dans les dédicaces, groupées deux à deux, un dieu et une déesse. Nous avons déjà cité Sucellos et Nantosuelta. On trouve de plus dans les inscriptions gallo-romaines Mercure associé à Rosmerta [45], déesse dont le nom est certainement celtique, cf. Smertullos ; Borvo, le dieu de Bourbonne-les-bains, de Bourbon-Lancy et d'Aix-les-Bains, associé à Damona ; Apollon associé à Sirona, la nymphe des eaux ; Mars associé à Nemetona, dont le nom rappelle celui de Nemon, fée guerrière de l'épopée irlandaise [46].

Ce dualisme n'a rien de particulier aux Celtes. On le trouve fréquemment ailleurs. Le groupement des divinités en triades a plutôt un caractère celtique. Nous avons parlé plus haut de l'autel de Reims, où un dieu cornu figure avec Apollon et Mercure ; on peut citer encore l'autel de Beaune et l'autel de Dennevy ; dans chacun de ces autels figurent trois personnages dont un tricéphale. Le dieu tricéphale lui-même semble une représentation réduite de la triade et on a souvent fait remarquer que Teutates, Esus et Taranis, les trois divinités sanguinaires citées par Lucain, pouvaient constituer une triade. Ce qui fait que l'on est tenté de regarder la triade comme une conception celtique, c'est que la triade est dans la littérature des Bretons du Pays de Galles un genre de composition qui a eu un grand succès et qui a été appliqué au droit, à la littérature, à l'histoire. Mais la plus ancienne triade galloise provient d'un manuscrit du XIIᵉ siècle et chez les Irlandais la triade n'a point eu la fortune prodigieuse qu'elle eut chez les Gallois. Saurons-nous jamais si quelque lien relie la triade religieuse des Gallo-Romains au genre littéraire si en honneur chez les Bretons d'outre-Manche ?

Pour terminer ce qui a trait aux divinités celtiques et à leur représentation, il faut dire quelques mots de certains signes symboliques que l'on trouve sur divers monuments. On a depuis longtemps renoncé à voir dans les monuments mégalithiques l'œuvre d'un peuple celtique et les cupules creusées dans ces monuments et environnées d'un nombre plus ou moins grand de lignes circulaires ne sauraient appartenir à notre sujet. Mais il est possible que les Celtes aient anciennement attaché une idée religieuse au

---

45 *Ibid.*, t. XVIII, p. 143, 256.
46 H. Gaidoz, *Religion des Gaulois* (Encyclopédie des sciences religieuses, t. V, p. 432).

swastika ou croix gammée ainsi appelée parce qu'elle est formée de quatre gammas grecs dont la barre horizontale est tournée dans le même sens; ce signe est souvent associé à la roue ou rouelle formée d'un cercle et d'un nombre variable de rayons, que l'on trouve aussi employée seule. On trouve la croix gammée sur des médailles et des monnaies gauloises ([47]), quelquefois associée à une tête d'Apollon; et aussi sur des cippes sans inscriptions de la région pyrénéenne, et des stèles irlandaises du VIᵉ siècle ([48]). On sait que la croix gammée se trouve sur les vêtements de plusieurs personnages représentés sur des peintures des catacombes, où elle semble bien n'avoir qu'une valeur ornementale. Quant aux rouelles, on les trouve figurées avec la croix gammée sur les cippes pyrénéens dont nous venons de parler; dans de nombreuses enceintes gauloises, on a trouvé en abondance des rouelles en or, en argent, en bronze, en plomb qui servaient sans doute d'amulettes et étaient peut-être, comme l'a pensé M. H. Gaidoz, un symbole du culte du Soleil ([49]). Rien ne nous prouve que les Celtes l'aient ainsi interprété.

Ainsi donc, divinités à noms et à attributs romains, divinités gallo-romaines à noms celtiques, triade de Lucain, Ogmios de Lucien, symboles dont nous ne pouvons pénétrer que par conjecture la signification, voilà les éléments dont se compose le panthéon celtique. Si nous essayons de restituer la physionomie de ces divinités mystérieuses, il faut nous les figurer, non pas semblables aux mythiques habitants de l'Olympe grec dont chacun représente une idée distincte, force de la nature, ou conception de l'esprit, mais plutôt apparentés aux dieux rustiques et guerriers du Latium, dont les aspects sont multiples et les pouvoirs variés. A l'époque des grandes invasions, les dieux des diverses tribus gauloises étaient sans doute presque exclusivement des dieux guerriers. Lorsque les Celtes s'établirent à demeure dans les pays qu'ils avaient conquis, ces mêmes dieux eurent à protéger les villes fortes et les maisons de culture répandues sur le territoire, à distribuer la pluie et le soleil aux champs fertiles ainsi qu'aux forêts immenses et impénétrables; dans la Cisalpine et dans la province romaine, de bonne heure ils présidèrent aux transactions et aux échanges que fai-

---

[47] E. Hucher, *L'art gaulois*, t. II, p. 105, 106, 134.
[48] A. Bertrand, *La religion des Gaulois*, pl. XIII.
[49] H. Gaidoz, *Etudes sur la mythologie gauloise. Le dieu gaulois du Soleil et le symbolisme de la roue*, (extrait de la *Revue archéologique*, 1884, 1885).

saient les Gaulois avec les marchands romains et les négociants grecs de Marseille ; enfin, de temps à autre leur vertu guerrière se réveillait lorsqu'il fallait défendre l'indépendance du pays, ou essayer de secouer le joug des vainqueurs. Et l'on conçoit que les Romains, étonnés de la multiplicité des attributs de ces divinités complexes, ne surent s'ils devaient les appeler Mars ou Mercure, ou Jupiter ou Apollon ou Minerve, et essayèrent de rattacher au nom d'un dieu ou d'une déesse du panthéon hellénique et romain chaque aspect différent des divinités celtiques.

CHAPITRE III

Les pratiques et les croyances religieuses

La divination — Les animaux sacrés, — Les arbres et les plantes — Les
bois sacrés — Les temples — Les statues — Les prières — Les libations —
Les sacrifices humains — La croyance à l'immortalité de l'âme — L'autre
monde — L'Élysée des Celtes d'Irlande

Les écrivains de l'antiquité s'accordent à reconnaître la religiosité des Gaulois.
Au témoignage bien connu de César qui dit que les Gaulois sont un peuple très
adonné aux pratiques religieuses [50], il faut ajouter ceux de Tite-Live [51] et de
Denys d'Halicarnasse [52]. Les Celtes étaient les plus habiles des peuples en
science augurale [53], et le Galate Déjotarus passait pour un augure remarquable [54]. La divination s'exerçait par divers oiseaux, le corbeau, l'aigle ;
même, chez les Bretons, par la course d'un quadrupède, le lièvre [55]. Des
oiseaux indiquent à des armées la direction qu'elles doivent suivre [56] ;
averti par le vol d'un aigle Déjotarus revient sur ses pas [57]. Il reste encore à
l'époque la plus ancienne des souvenirs du culte que l'on rendait à certains
animaux [58]. Chez les Bretons, l'oie, la poule et le lièvre sont tabous [59].
Les Galates de Pessinunte ne mangent pas de porc [60]. Nous avons cité
plus haut le surnom de Mercurius : Moccus qui signifie cochon. On sait
que le cochon sauvage, le sanglier, était l'insigne guerrier des Celtes, et qu'il
figure comme tel sur l'arc de triomphe d'Orange. Nennius nous parle d'un

---

[50] *De Bello Gallico*, VI, 16, I.
[51] Livre V, ch. XXXXVI, 3.
[52] *Antiquités romaines*, VII, 70.
[53] Justin, l. XXIV, ch. IV, 3.
[54] Cicéron, *De Divinatione*, I, 15, 26-27.
[55] Dion Cassius, LXII, 6.
[56] Justin, XXIV, 4, 3.
[57] *De Divinatione*, I, 15, 26.
[58] Voir S. Reinach, *Revue celtique*, t. XXI, p. 269-306.
[59] *De Bello Gallico*, V, 12.
[60] Pausanias, VII, 17, 10.

animal merveilleux, *porcus troit* poursuivi par le roi Arthur dans une chasse fantastique [61] ; c'est le *twrch trwyth* du roman gallois intitulé *Kulhwch et Olwen* [62] et ce porc ou ce sanglier fameux est sans doute dans la légende celtique un souvenir du temps où le porc était le symbole et le totem d'une tribu gauloise. Sur le fronton de l'autel de Reims est sculpté un rat ; le petit autel tricéphale trouvé dans la même ville est surmonté d'une tête de bélier. Nous avons déjà parlé du taureau aux trois grues, du serpent à tête de bélier et des dieux à cornes de bélier et de cerf qui ne rappellent plus que par un détail le culte primitif des animaux sacrés.

Comme les Romains, les Celtes cherchent à connaître l'avenir par les entrailles des victimes [63] ; ils ajoutent foi aux indications données par les songes [64].

Nous n'avons point trouvé de monument figuré qui nous attestât le culte des arbres, à moins qu'on ne regarde comme tels les deux faces de l'autel de Paris et l'autel de Trèves où sont figurés soit un arbre, soit des feuillages. Mais nous savons par Pline que le chêne rouvre est chez les Gaulois l'arbre des bois sacrés et qu'on n'accomplit aucune cérémonie sans son feuillage. Maxime de Tyr [65] nous apprend qu'un chêne élevé est la représentation celtique de Zeus. Nous trouvons dans un passage de Pline que le *lycopodium selago* était en Gaule un préservatif contre les accidents et que le gui, que l'on appelait d'un nom qui signifie remède universel, était un remède contre les poisons et qu'il donnait la fécondité à tout animal stérile. Le gui venant sur le rouvre est extrêmement rare ; aussi le regardait-on comme envoyé du ciel. La cueillette du gui, nous dit Pline, se fait le sixième jour de la lune. Après avoir préparé selon les rites, sous l'arbre, des sacrifices et un repas, on fait approcher deux taureaux de couleur blanche dont les cornes sont attachées alors pour la première fois. Un prêtre, vêtu de blanc, monte sur l'arbre et coupe le gui avec une serpe d'or ; on le reçoit sur une saie blanche ; puis on immole les victimes en priant que le dieu rende le don qu'il a fait propice à ceux auxquels il l'accorde [66]. A ces plantes à vertus

---

[61] Mommsen, *Chronica minora*, t. III, p. 217, l. 18.
[62] J. Loth, *Les Mabinogion*, t. I. p. 252-281. Cf. Rhys, *Celtic folklore*, p. 398-555.
[63] Justin, XXVI, 2 ; Diodore, V, 3.
[64] Justin, XLIII, 5.
[65] *Dissertations*, VIII, 8.
[66] *Histoire naturelle*, XVI, 95 ; XXIV, 62.

merveilleuses il faut encore ajouter le *Samolus Valerandi* remède contre la maladie des bœufs et des porcs dont la cueillette donne lieu à des procédés magiques : il faut que celui qui le cueille soit à jeun, l'arrache de la main gauche, ne le regarde pas et ne le mette pas ailleurs que dans l'auge où on le broie ([67]). Des pratiques superstitieuses identiques ou analogues sont encore en usage dans certaines de nos campagnes.

Les bois sacrés des Gaulois dont, au temps de Pline, le chêne rouvre était le principal élément, sont mentionnés par les auteurs de l'antiquité ([68]). Les Galates d'Asie Mineur avaient un sénat qui se réunissait pour juger les causes de meurtre dans un endroit appelé *Drunemeton* ; or, le second terme de ce mot signifie en gaulois bois sacré ([69]). Ces bois sacrés tenaient-ils lieu de temples aux Gaulois transalpins ? On serait tenté de le croire, car César ne parle que de l'endroit consacré, *in loco consecrato,* où sur le territoire des Carnutes les druides s'assemblaient chaque année à époque fixe pour rendre la justice ([70]). Il n'y a rien à conclure pour l'ancienne religion gauloise de l'existence de nombreux temples en Gaule à l'époque gallo-romaine. Tout au plus, peut-on remarquer qu'un grand nombre de ces temples sont consacrés à Mercure, quelques uns seulement à Apollon ([71]), et qu'il y a là une confirmation intéressante du texte de César : *Deum maximum Mercurium colunt.* Mais chez les Gaulois cisalpins, il n'est pas douteux qu'il y ait eu des temples. Tite-Live nous rapporte qu'en 216 avant J.-C, les dépouilles et la tête du consul Postumius furent portées par les Boïens dans le temple le plus respecté de leur nation ([72]). Il y avait chez les Insubres un temple d'Athéna ([73]).

Les temples étaient-ils ornés, comme chez les Romains, de statues de dieux auxquels on rendait un culte ? Sur ce point, les témoignages des anciens sont contradictoires. Les Galates, au dire de Strabon, avaient dans la ville de Tavium une statue colossale de Jupiter ([74]). D'autre part, Diodore

---

[67] Pline, XXIV, 63, i.
[68] César, *De Bello Gallico*, VII, L. Pomponius Méla, iii, 2.
[69] H. d'Arbois de Jubainville, *Cours de Littérature celtique*, t. I, p. 114.
[70] *De Bello Gallico*, VI, 13.
[71] A. Bertrand, *La religion des Gaulois*, p. 323-325, 328, 33.
[72] Tite-Live, 1. XXIII, c. 4.
[73] Polybe, II, 32.
[74] Strabon, XII, 5, 2.

nous rapporte que Brennos rit beaucoup de l'idée qu'avaient les Grecs de faire des dieux de bois et de pierre (⁷⁵). Les mots employés pour désigner des représentations des divinités sont souvent très vagues. Polybe parle « des images d'or dites immeubles » (⁷⁶). Lucain décrit dans un bois sacré des troncs d'arbre grossièrement sculptés pour représenter les dieux : *simulacra maesta deorum* (⁷⁷). Enfin, César nous fait connaître qu'il y a en Gaule d'assez nombreuses représentations de Mercure : *cujus sunt plura simulacra* (⁷⁸). Or, comme l'a fait remarquer M. Salomon Reinach, il n'est guère probable que *simulacra* signifie statues ; *simulacra* a le sens vague d'image, d'indication symbolique. S'il y avait eu des statues de dieux gaulois antérieurement à la conquête romaine, il serait inadmissible qu'on n'en eût pas découvert quelques-unes à Bibracte ou à Alésia. Or, on n'a point trouvé de représentations figurées appartenant à la période qui s'étend entre l'époque du renne et l'époque romaine. Les *simulacra* de César étaient-ils, comme le suggère M. S. Reinach, les accumulations de pierres, menhirs, galgals que l'on a trouvés sur tous les points du territoire de l'ancienne Gaule (⁷⁹) ? Cela est possible, sans qu'on puisse le démontrer. A l'époque gallo-romaine, les identifications de divinités gréco-romaines avec les divinités celtiques peuvent tenir, pour une bonne part, à ce qu'on acceptait comme représentation d'une divinité celtique un des types de statues romaines que l'on trouvait le plus facilement dans le commerce.

Il n'y a évidemment aucune conclusion à tirer pour l'époque ancienne des statues et des statuettes que l'on a de l'époque gallo-romaine. Il faut remarquer, toutefois, que les statues et les statuettes en bronze sont en général très rares, à l'exception cependant de celles qui représentent Mercure ; il y a au Musée de Saint-Germain trente et une statuettes de Mercure, quarante et une à Lyon (⁸⁰).

Dans les temples et les enceintes sacrées, les Celtes entassent une grande quantité d'or qu'ils offrent aux dieux, et quoique tous les Celtes aiment

⁷⁵ *Bibliothèque*, XXII, 12.
⁷⁶ *Histoire*, II, 32.
⁷⁷ *Pharsale*, III, 412. Cf. S. Reinach, *Revue celtique*, t. XIII, p. 191-192.
⁷⁸ *De Bello Gallico*, VI, 17.
⁷⁹ *Revue celtique*, t. XI, p. 224.
⁸⁰ A. Bertrand, *La religion des Gaulois*, p. 323.

l'argent, pas un d'eux n'ose y toucher [81]. Les Arvernes avaient suspendu à un temple, l'épée que César avait laissée entre leurs mains et le conquérant des Gaules qui la revit plus tard à cette place refusa de la reprendre, disant qu'il fallait respecter un objet consacré aux dieux [82]. Les dépouilles des ennemis devaient pour une grande partie constituer les trésors des temples [83].

Le culte comportait des prières, peut-être des danses, des libations et des sacrifices. La reine bretonne Boudicca [84] invoque Adrasté en levant une main vers le ciel. Les druides de l'île de Mona [85] prient en levant les bras au ciel et en lançant contre les ennemis d'affreuses imprécations sans doute même des incantations. Dans l'adoration, les Gaulois se tournaient de la gauche vers la droite [86]. Chez les Irlandais du Moyen Age, le tour à droite assurait une heureuse chance [87].

C'est par des danses que pendant la nuit, à la pleine lune, les Celtibères célébraient le culte d'un dieu dont nous ignorons le nom [88]. Les Boïens de la Gaule cisalpine se servirent du crâne du consul Postumius, orné d'un cercle d'or, comme d'un vase sacré pour offrir des libations dans les fêtes [89].

Les sacrifices étaient souvent des sacrifices humains. Cicéron en l'an 75 avant J.-C., parle de la coutume atroce et barbare qu'ont les Gaulois de sacrifier des hommes [90]. Les Gaulois, nous dit César, croient que la vie d'un homme est nécessaire pour racheter la vie d'un autre homme, et qu'on ne peut apaiser autrement les dieux immortels. Chez certains peuples les sacrifices de ce genre font même partie des institutions de l'État. D'autres ont d'immenses mannequins (*simulacra*) aux membres d'osier tressé qu'ils remplissent d'hommes vivants ; ils y mettent le feu et ces hommes périssent

---

[81] Diodore, V, 27.
[82] Plutarque, *César*, 26.
[83] Cf. Jullian, *Revue des études anciennes*, t. IV, p. 281.
[84] Dion Cassius, LXII, 6.
[85] Tacite, *Annales*, XIV, 30.
[86] Poseidonios, chez Athénée, IV, 36.
[87] H. d'Arbois de Jubainville, *La civilisation des Celtes et celle de l'épopée homérique*, p. 143, 255.
[88] Strabon, *Géographie*, III, 4, 16.
[89] Tite-Live, XXIII, 24.
[90] *Pro Fonteio*, 13, République, III, 15.

enveloppés par les flammes. Ils croient que le supplice de ceux qui sont convaincus de vol, de brigandage ou de quelque autre crime est celui qui plaît le plus aux dieux immortels ; mais quand ces sortes de victimes ne sont point assez nombreuses, ils y suppléent en sacrifiant des innocents [91]. Avant et après César, il est aussi question de sacrifices humains, surtout à la guerre. Dans la première moitié du troisième siècle avant J.-C., Sopatros de Paphos cité par Athénée accuse les Gaulois de tuer les prisonniers de guerre [92]. Dion Cassius [93] nous rapporte que les Bretons de Boudicca massacrèrent avec des raffinements de cruauté les femmes captives, en l'honneur de la déesse Adrasté. Justin nous apprend que les Gallo-Grecs font des sacrifices avant de livrer bataille et que si les présages sont funestes, ils égorgent même leurs femmes et leurs enfants pour apaiser la colère divine [94]. Le géographe Strabon rapporte qu'en Gaule on prédisait l'avenir au moyen de victimes humaines [95] et Tacite nous parle de l'horrible superstition des habitants de Mona qui regardaient comme un acte religieux d'arroser les autels du sang des victimes et de consulter les dieux dans les entrailles humaines [96].

Dès l'an 97 avant J.-C., un sénatus-consulte prohibait les sacrifices humains. Denys d'Halicarnasse, qui termina ses *Antiquités romaines* vers l'an 8 avant J.-C., constate que les sacrifices humains sont encore en usage dans la Gaule de son temps [97]. Lorsque Lucain (39-65) nous parle des horribles sacrifices offerts à Esus, Taranis et Teutates [98], il est probable qu'il faisait allusion à des coutumes disparues au moins dans le pays soumis à la domination romaine. En 7, Pline [99] écrivait que les sacrifices humains subsistaient encore dans les parties de la Grande-Bretagne restées indépendantes ; mais en Gaule, vers 40 après J.-C., les druides attiraient à leurs autels des

---

[91] *De Bello Gallico*, VI, 16.
[92] Athénée, IV, 51 ; Cf. H. d'Arbois de Jubainville, *Cours de littérature celtique*, t. XII, p. 297.
[93] *Histoire romaine*, LXII, 7.
[94] *Histoires*, XXVI, 2.
[95] *Géographie*, IV, 4, 5.
[96] *Annales*, XIV, 30.
[97] *Antiquités romaines*, I, 38.
[98] *Pharsale*, I, 446.
[99] *Histoire naturelle*, XXX, 4.

hommes liés par des vœux et leur faisaient couler un peu de sang, sans les mettre à mort. L'ancienne barbarie n'était plus alors qu'un souvenir ([100]).

Parmi les croyances religieuses, une de celles qui ont le plus étonné les anciens est la croyance à l'immortalité de l'âme. «Je traiterais les Celtes d'insensés » écrit Valère Maxime «si l'opinion de ces gens à braies n'était celle de Pythagore vêtu du pallium». Pour d'autres écrivains, cette doctrine était venue aux Celtes par les druides. Toujours est-il qu'elle était très répandue et très populaire. De là l'usage de se prêter entre eux des sommes remboursables dans l'autre monde, de fixer les enfers comme lieu de règlement de leurs affaires commerciales ([101]), de brûler et d'enterrer avec les morts ce qui sert aux vivants ([102]). On a même vu, dit Pomponius Méla, des parents se jeter volontairement dans le bûcher de leurs proches dans l'espoir d'aller vivre avec eux ([103]). Les Celtes prétendent ne craindre ni les tremblements de terre ni les inondations ; ils s'avancent tout armés au-devant des flots ([104]). C'est que la foi en une autre vie est éminemment propre à exalter le courage ([105]) ; elle était sans doute aussi la cause de ces suicides d'un caractère religieux que l'on a signalés chez les Celtes ([106]) ; elle peut de même, dans certains cas rendre compte des sacrifices humains, dont nous venons de parler.

Il ne semble pas, bien que les textes soient obscurs et contradictoires, que cette immortalité ait consisté en une seconde vie sur la terre dans un corps nouveau. Ce n'est pas la doctrine pythagoricienne, d'après laquelle l'âme des méchants revenait en ce monde habiter un autre corps, tandis que l'âme des justes menait dans les espaces aériens une vie purement spirituelle. Ce n'est pas non plus les demeures silencieuses de l'Erèbe, ni les profondeurs du pâle royaume de Dis que gagnent les âmes. Le même souffle anime leurs membres dans un autre monde, la mort est le milieu d'une longue vie ([107]). La situation de cet autre monde ([108]) varie suivant la position géographique

---

[100] Pomponius Méla, III, 2.
[101] Valère Maxime, II, 6, 10.
[102] *De Bello Gallico*, VI, 19, 4.
[103] *Chorographia*, III, 2.
[104] Aristote, *Ethique à Nicomaque*, III, 7, 7 ; *Ethique d'Eudème*, III, I, 25.
[105] *De Bello Gallico*, VI, 14.
[106] Nicolas de Damas, chez Stobée, VII, 40.
[107] Lucain, *Pharsale*, 449-458.
[108] M. S. Reinach a démonté (*Revue celtique*, t. XXII, p. 447-457) que par les mots *orbis alius*,

des divers peuples celtiques. Comme l'a fait remarquer A. Le Braz[109], les gens du continent le plaçaient volontiers dans les îles. Une tradition fixée par écrit au VIᵉ siècle par Procope[110] rapporte que les habitants du pays situé en face de la Grande-Bretagne avaient pour charge de conduire les âmes des morts du continent dans l'île. Au milieu de la nuit, ils entendent frapper à leur porte, et une voix les appelle tout bas. Alors ils se rendent au rivage sans savoir quelle force les y entraîne. Ils y trouvent des barques qui semblent vides, mais qui sont tellement chargées des âmes des morts que leur bordage s'élève à peine au-dessus des flots. En moins d'une heure, ils sont arrivés au terme de leur voyage alors que d'ordinaire il leur faut une journée pour s'y rendre. Là, dans l'île des Bretons, ils ne voient personne, mais ils entendent une voix qui dénombre les passagers en les appelant chacun par leur nom.

Ce n'est que d'après la littérature épique de l'Irlande que l'on peut se faire une idée de l'Élysée rêvé par les Celtes, pays merveilleux que l'on atteignait en s'embarquant sur une barque de verre ; au-delà de la mer, on apercevait une grande tour transparente aux contours indécis ; dans les ouvertures des créneaux apparaissaient des formes qui ressemblaient à des hommes. Quiconque essayait d'aborder au pied de la tour était emporté par les flots de la mer. Au-delà de la tour s'étendaient des plaines fertiles plantées d'arbres étranges. Quelques-uns avaient des branches d'argent auxquelles pendaient des pommes d'or. Quand on heurtait ces pommes les unes contre les autres, elles produisaient un son si harmonieux qu'on ne pouvait l'entendre sans oublier tous ses maux. Au pied des arbres coulaient des ruisseaux de vin et d'hydromel. La pluie qui rafraîchissait la terre était de bière. Les porcs qui paissaient dans la paille renaissaient, une fois mangés, pour de nouveaux festins. Partout une agréable musique flattait l'oreille et ravissait l'âme par ses douces mélodies. C'était bien la vie que le Celte avait pu rêver ici-bas. Toujours jeune, toujours beau, couronné de fleurs, il passait ses jours dans de longs festins où la bière ne cessait de couler et où la viande de porc ne manquait pas. Jamais il ne s'élevait de

---

Lucain voulait désigner une autre région de la terre et non une autre planète ou un astre

[109] *La légende de la mort chez les Bretons armoricains*, 2ᵉ édition, p. XII.

[110] *De Bello Gallico*, iv, 20. A. Le Braz, *La légende de la mort chez les Bretons armoricains*, 2ᵉ éd. p. XII-XIII.

contestations pour savoir à qui devait revenir le meilleur morceau. Les combats étaient au nombre des plaisirs du peuple des morts ; les guerriers étaient armés d'armes éclatantes ; ils brillaient de l'éclat de la jeunesse ; les batailles étaient plus acharnées et plus terribles que chez les vivants et des fleuves de sang coulaient dans la Grande Plaine. Ainsi le Celte retrouvait dans l'autre vie tout ce qu'il avait aimé sur la terre, la musique, la bonne chère et la guerre ([111]).

En résumé, parmi les croyances et les pratiques religieuses des Celtes, un grand nombre n'ont rien qui puisse attirer notre attention. La divination par le vol des oiseaux, par les entrailles des victimes, par les songes ; la croyance aux vertus magiques des plantes, l'usage des libations et des sacrifices sont bien connus dans l'antiquité ; on peut même se demander si certains auteurs latins ou grecs n'ont pas attribué aux Celtes ces formes de culte parce qu'ils les trouvaient chez eux, et sans être autrement documentés sur les usages rituels des peuples celtiques.

Nous devons attribuer plus d'autorité aux textes qui nous font connaître des pratiques tombées en désuétude à Rome ou en Grèce, comme les sacrifices humains. Quant à la croyance à la survivance des âmes, que les anciens ont signalée avec curiosité et intérêt, mais sans précision ni clarté, nous ne pouvons l'interpréter qu'en la rattachant à la tradition conservée dans l'ancienne littérature de l'Irlande.

---

[111] *Revue de l'histoire des religions*, t. XIV, p. 53-66.

CHAPITRE IV

LES DRUIDES ET LE DRUIDISME

Noms des druides — Les prêtres gaulois — Attributions religieuses des druides — Leur enseignement — Leur rôle judiciaire — Leur rôle politique — Les druidesses — Les collèges des druides — L'hypothèse de A. Bertrand

La plus ancienne mention du nom des druides se trouve chez Diogène Laerce dans ses *Vies des philosophes*. Celui-ci dit que la philosophie a commencé chez les barbares, que les premiers philosophes ont été chez les Perses les Mages, à Babylone et en Assyrie les Chaldéens, dans l'Inde les Gymnosophistes, chez les Celtes et les Galates les Druides ou Semnothées et il cite comme autorités un traité apocryphe d'Aristote, *To magikon*, ainsi que Sotion d'Alexandrie (IIe siècle avant J.-C.) au vingt-troisième livre de l'ouvrage intitulé *Vies des Philosophes*[112]. D'après Ammien Marcellin, citant Timagène, les Gaulois ont été civilisés par les bardes, les euhages et les druides : *per bardos, euhages et druidas*[113]. D'après Diodore de Sicile, les Gaulois ont des poètes qu'ils appellent bardes et qui chantent la louange et le blâme en s'accompagnant sur des instruments semblables aux lyres ; ils ont des philosophes et des théologiens très honorés qu'ils appellent druides. Ils ont aussi des devins, qui sont en grande vénération[114]. Strabon mentionne que chez tous les peuples celtiques presque sans exception se retrouvent trois classes d'hommes qui sont l'objet d'honneurs extraordinaires, à savoir les bardes, les vates et les druides[115]. César ne nous parle que des druides[116].

Les noms de barde et de druide sont conservés dans les langues celtiques.

---

[112] *Vies des philosophes*, I, I.
[113] *Histoire romaine*, XV, 9.
[114] *Bibliothèque*, V, 31.
[115] *Géographie*, IV, 4, 4.
[116] *De Bello Gallico*, VI, 13.

L'ancienne Irlande connaissait trois ordres de lettrés : les bardes, *bard*, les druides *drui*, *druad*, et les *filé*. Ces derniers qui sont à la fois devins, juges et poètes étaient répartis en diverses classes d'après le nombre d'histoires épiques qu'ils pouvaient raconter [117]. Les noms de barde et de druide n'ont pas trouvé une explication satisfaisante dans les langues celtiques. Il est probable que les auteurs grecs qui écrivent ont transcrit le nom latin *druidae*. L'étymologie par le grec *drus* chêne, qui faisait des druides « les hommes des chênes » a tenté bien des écrivains depuis Pline l'ancien [118]. On pourrait songer à une traduction ou une étymologie populaire grecque d'un nom celtique ignoré si le mot *drui* n'apparaissait pas dans les textes les plus anciens de la littérature irlandaise. Il est probable que le *drasidae* d'Ammien Marcellin repose sur une mauvaise lecture. Chez les historiens de l'*Histoire Auguste*, l'étymologie grecque de druide est si bien passée dans le domaine public que les druidesses sont devenues des dryades.

Quant aux autres noms donnés par les auteurs de l'antiquité, aucun ne semble celtique ; *semnothéos* est un adjectif grec que l'auteur regardait évidemment comme une explication de *druidès* ; *euhages* semble être l'adjectif grec *eu-agès* « vénérable » synonyme de *semnothéos* ; ouateis dont on a fait en français *ovate*s est tout simplement une transcription grecque du latin *vates*.

Les druides, pour les auteurs de l'antiquité, constituent une des classes d'hommes qui sont le plus honorés chez les Celtes. Ils ne se confondent ni avec les bardes, ni avec les devins, ni avec les *vates*. Les bardes sont des poètes auteurs de panégyriques ou de satires ; ils chantent sur la lyre les exploits des héros [119]. Les devins prédisent l'avenir par le vol des oiseaux ou l'examen des entrailles des victimes [120]. Les *vates* s'occupent des sacrifices et des lois de la nature. Les druides, indépendamment de la physique et de la physiologie, professent la philosophie morale et sont regardés comme les plus justes des hommes. Chez les auteurs qui ne nous parlent que des druides, ceux-ci sont confondus avec les devins et avec les *vates*. Le mot

---

[117] *Revue de synthèse historique*, t. III, p. 66.
[118] *Histoire naturelle*, XVI, 95.
[119] Athénée, IV, 37 ; VI, 49 ; Diodore de Sicile, V, 31, 2, ; Ammien Marcellin, XV, 9, 8 ; Lucain, *Pharsale*, I, 447-449.
[120] Diodore, V, 31, 3 ; Strabon, IV, 4 *b*.

druide a donc chez les écrivains de l'antiquité deux sens : un sens large et un sens restreint.

Au sens large, on comprend sous le nom de druides à peu près tous les hommes à carrière libérale. «Dans toute la Gaule, nous dit César, il y a deux classes d'hommes à compter et à être honorées : l'une celle des druides, l'autre celle des chevaliers». Tandis que les chevaliers constituent l'élite de l'armée gauloise, les druides ne vont pas à la guerre et sont exempts de tout service militaire. Ils prennent part à l'exercice du pouvoir public aussi bien que les chevaliers ; ainsi Diviciacus qui, à ce que Cicéron nous apprend, était un druide, mène une vie assez peu différente de celle de son frère Dumnorix qui n'était pas druide, et est très mêlé aux affaires politiques de son temps. Il ne s'agit donc pas d'une classe sacerdotale, à plus forte raison, comme on l'a dit, d'un clergé gaulois. César parle dans un passage des *sacerdotes* [121], qui peuvent être différents des druides, et rien ne nous indique que les prêtres des Boïens, *sacerdotes*, *antistites*, que mentionne Tite-Live fussent des druides.

Pour désigner, à l'époque gallo-romaine, les prêtres affectés aux cultes locaux, il y avait un mot qui est sans doute celtique, *gutuater*. Les inscriptions nous apprennent qu'il y avait à Mâcon un *gutuater* de Mars [122] et à Autun des *gutuater* du dieu Anvalos [123]. La confusion du gutuater et du druide n'est faite que chez Ausone, qui d'ailleurs se sert dans un autre passage, pour désigner un prêtre de Belenus, de l'expression *Beleni adituus* [124].

L'institution druidique n'était pas originaire de Gaule. Elle avait été, pensait-on, créée en Grande-Bretagne et de là avait été transportée en Gaule. Les Gaulois qui voulaient la connaître plus à fond se rendaient le plus souvent de l'autre côté de la Manche. Nous n'avons aucun renseignement ancien sur le druidisme de Grande-Bretagne. Le druidisme irlandais seul peut donner matière à des rapprochements avec les notions que nous fournissent les écrivains de l'antiquité sur les druides de la Gaule. D'après César, qui semble parler des druides en général plutôt que des druides de son temps, les druides remplissent des fonctions religieuses, éducatives, judiciaires, politiques. Nous allons les étudier. successivement sous ces divers

---

[121] *De Bello Gallico*, VII, 33.
[122] Holder, *Altceltischer Sprachschatz*, t. I, col. 2046.
[123] *Revue épigraphique*, 1900, p. 132-133.
[124] *Professores*, V, XI.

aspects. Les fonctions religieuses des druides consistaient surtout à assister aux cérémonies et à s'occuper des sacrifices publics et privés (125). Il semble d'autre part que ce soit pour se rendre au désir du peuple qu'ils assistent aux sacrifices, et qu'ils ne jouent pas dans les cérémonies un rôle prépondérant. Strabon et Diodore sont d'accord sur ce point. Strabon écrit que les Celtes sacrifiaient non sans les druides (126), Diodore que la coutume était que personne ne fît de sacrifice sans un philosophe (127).

La divination était au nombre des sciences qu'ils pratiquaient. Diviciacus annonçait l'avenir tant par l'observation des oiseaux que par conjecture (128). D'après César, les druides interprètent la volonté des dieux : *religiones interpretantur* (129). Au temps de Tacite, les druides gaulois annonçaient que l'incendie du Capitole présageait la chute prochaine de l'empire romain (130).

A l'époque de Pline, la magie est en grande faveur en Gaule, et les druides, dont il interprète le nom par *magi*, sont pour lui des sortes de sorciers et de féticheurs dépositaires de secrets magiques et de recettes médicales. Ce sont les druides gaulois qui prétendent que le *lycopodium selago* préserve des accidents et que la fumée en est utile pour toutes les maladies des yeux. Ce sont eux qui regardent le gui du rouvre comme sacré. Enfin, ils ont indiqué les prescriptions à remplir pour s'emparer de l'œuf de serpent. Il faut le jeter en l'air, le recevoir sur une saie avant qu'il ait touché à terre ; s'enfuir à cheval, car les serpents poursuivent jusqu'à ce qu'ils rencontrent un cours d'eau. Tout cela doit être fait à une certaine époque de la lune. Cet œuf fait gagner les procès et donne accès auprès des souverains. Toutefois, Pline rapporte qu'un chevalier du pays des Voconces qui en portait un dans sa tunique fut, sans motif, mis à mort par l'empereur Claude (131).

Si les sacrifices et la divination sont dans l'antiquité deux pratiques religieuses importantes, les secrets magiques dont au temps de Pline les druides sont les dépositaires étaient laissés à des sorciers peu estimés. Comment

---

125 *De Bello Gallico*, VI, 13, 16, 2.
126 *Géographie*, IV, 4, 5.
127 *Bibliothèque*, V, 31, 4.
128 Cicéron, *De divinatione*, I, 41, 90.
129 *De Bello Gallico*, VI, 13.
130 *Histoires*, IV, 54.
131 *Histoire naturelle*, XXIV, 62-63 ; XVI, 95 ; XXIX, 12.

concilier l'idée que les druides étaient des philosophes à la fois physiciens et moralistes avec le rôle assez méprisable que leur fait jouer Pline le naturaliste ? On peut sans doute s'expliquer cette contradiction en tenant compte de la différence des dates. Entre l'époque de César et celle de Pline se placent le règne de Tibère qui supprima les druides : *Tiberii Caesaris principatus sustulit druidas eorum et hoc genus vatum medicorumque* [132], et le règne de Claude qui abolit complètement cette religion des druides, si effroyablement cruelle, qui sous Auguste n'avait été qu'interdite aux citoyens romains [133]. Au temps de Pomponius Méla, les druides donnent leur enseignement soit dans un antre, *specu*, soit dans des clairières cachées [134]. La persécution n'aurait donc pas été favorable au maintien des hautes traditions morales qui avaient fait des druides les premiers personnages de la Gaule et les plus justes des hommes. Ou bien faut-il croire que de tout temps, les druides avaient cherché à assurer leur pouvoir non seulement par leur science, mais par des pratiques magiques dont ils étaient les premiers à connaître l'inanité, et que, lorsque la domination romaine leur eut supprimé toute action judiciaire et politique, il ne leur resta plus que l'exercice misérable d'un charlatanisme grossier.

Les druides d'Irlande nous apparaissent surtout comme des magiciens, et des prophètes. Ils prédisent l'avenir, ils interprètent les volontés secrètes des fées, ils jettent des sorts. A l'aide de formules et d'incantations, ils peuvent trouver l'endroit où se cache une personne, accabler un ennemi de toute sorte de maux, faire lever entre deux armées un brouillard épais, faire tomber de la neige, changer le jour en nuit, rendre grosse une femme stérile [135]. Ils connaissent les breuvages qui font oublier. Ils ont le pouvoir d'imposer des obligations, *geis*, dont il est impossible de s'écarter et rendre tabous certains objets. Ces *geis* sont très divers ; tantôt c'est un guerrier qui reçoit la défense de dire son nom à un adversaire ; Mael Duin ne peut emmener trois compagnons en sus d'un nombre déterminé par un druide ; il était interdit à Noise de venir en Irlande, en temps de paix sauf avec trois hommes : Cûchulainn, Conall et Fergus. Fergus avait reçu pour loi de ne

---

[132] *Histoire naturelle*, XXX, 4, 13.
[133] *Claude*, 25.
[134] *Chorographia*, III.
[135] H. d'Arbois de Jubainville, *Cours de littérature celtique*, t. I, p. 136-139.

jamais refuser une invitation et de ne pas quitter un festin avant qu'il ne fût terminé. Cûchulainn était obligé de ne jamais passer près d'un foyer sans s'y arrêter et y accepter à manger ; il lui était interdit de manger du chien. Les prédictions des druides ont pour objet tantôt la naissance, la gloire ou les malheurs futurs d'un enfant ; l'effet meurtrier d'une arme ; une vengeance dont un vaincu, menace son vainqueur.

Il est rarement question de sacrifices en Irlande ; toutes, les mentions d'offrandes aux dieux ont été, semble-t-il, supprimées des textes irlandais ; mais on trouve dans les gloses le mot gaélique qui signifie victime et sacrifice et dans une Vie latine de saint Patrice, il est dit qu'à la *Fes Temrach* ou « Festin de Tara » non seulement les princes de tout le royaume, les grands et les chefs de provinces, mais aussi les maîtres des druides, *druidum magistri*, s'assemblaient pour immoler des victimes aux idoles [136]. Aux funérailles d'un chef, on tue sur la tombe ses animaux ; c'est le même usage que chez les Gaulois du temps de César [137].

Mais quel rapport offrent les prodiges de contes populaires que nous venons de rapporter avec l'ancienne religion des Celtes ? Les druides irlandais se meuvent tantôt dans un monde de féerie où l'imagination du conteur crée les prodiges les plus incroyables ; tantôt dans une société peu civilisée où les pratiques de sorcellerie semblent tenir lieu de toute croyance religieuse. Le fétichisme n'y occupe guère de place sans doute parce que les rédacteurs chrétiens des épopées irlandaises en ont fait disparaître tout ce qui pouvait rappeler l'idolâtrie. Peut-être la religion des Gallo-romains a-t-elle quelques traits communs avec cet ensemble de superstitions qu'avaient conservé les Irlandais des premiers siècles de notre ère. Il est peu probable que les druides du temps de César n'aient été comme leurs confrères d'Irlande que des sorciers et des faiseurs de prestiges. Le druide Diviciacus, en tout cas, ne différait guère, semble-t-il, pour la culture intellectuelle, des Romains instruits de son temps [138].

Les druides étaient les éducateurs de la jeunesse gauloise. Attirés par leurs privilèges, dont le principal était l'exemption des impôts et du service militaire, beaucoup de jeunes gens allaient s'instruire auprès d'eux.

---

[136] H. d'Arbois de Jubainville, *Cours de littérature celtique*, t. I, p. 155, 157.
[137] *De Bello Gallico*, VI, 19, 4.
[138] C. Jullian, *Revue des études anciennes*, t. III, p. 205-210.

Les uns y venaient de leur plein gré, les autres y étaient envoyés par leurs parents et leurs proches. Qu'y apprenaient-ils? César ne le sait que par ouï-dire. On disait que ces jeunes gens avaient à retenir de mémoire un grand nombre de vers. Aussi quelques-uns restaient-ils une vingtaine d'années à s'instruire. Les druides pensaient que les matières de leur enseignement ne devaient pas être confiées à l'écriture. Le principal point de leur doctrine était que l'âme ne périt pas et qu'après la mort elle passe d'un corps dans un autre. Une foule de questions sur les astres et leurs mouvements, sur la grandeur du monde et de la terre, sur les lois de la nature, sur l'action et la puissance des dieux immortels faisaient partie de leurs doctrines et de leur enseignement [139]. Il faut y ajouter la philosophie morale [140]. Pomponius Méla, confirmant les renseignements donnés par César sur les sujets et la durée de l'enseignement des druides, affirme que leur enseignement était secret et que le seul point de leur doctrine qui ait pénétré dans le public était l'éternité des âmes et l'existence d'une autre vie après la mort [141]. Diogène Laërce nous a conservé en grec une maxime sous forme de triade qu'il attribue aux Druides: honorer les dieux, ne faire aucun mal, avoir de la bravoure [142]. Rien ne nous permet de supposer que la philosophie et la science druidiques puissent être comparées à la philosophie et à la science grecques.

Les anciens avaient été frappés des analogies que présentait la doctrine des Grecs sur l'immortalité de l'âme avec l'enseignement de Pythagore. Aucun d'entre eux pourtant ne dit que les druides eussent eu des rapports avec Pythagore ou ses disciples. Diodore de Sicile emploie l'expression: «l'opinion de Pythagore prévaut chez eux, [chez les Celtes] [143]. Valère Maxime établit seulement un rapprochement entre les deux doctrines [144]. Le texte d'Ammien Marcellin qui a sans doute pour source Timagène est moins clair: Parmi eux les druides, plus hauts dans leurs conceptions, comme l'établit l'autorité de Pythagore, liés par des associations collégia-

---

[139] *De Bello Gallico*, VI, 14.
[140] Strabon, IV, 4, 4.
[141] *Chorographia*, III, 2.
[142] *Vies des philosophes*, préambule, 6. Cf. H. d'Arbois de Jubainville, *Cours de littérature celtique*, t. VI, p. 150-153.
[143] *Bibliothèque*, V, 28.
[144] *Faits et dits mémorables*, VI, 6, 10.

les, s'élevèrent aux questions cachées et profondes et méprisant les choses humaines proclamèrent les âmes immortelles : *inter eos drasidae ingeniis celsiores, ut auctoritas Pythagorae decrevit, sodaliciis adstricti consortiis, qaestionibus occultarum rerum altarumque erecti sunt et despectantes humana pronuntiarunt animas immortales* [145]. La phrase *ut auctoritas Pythagorae decrevit,* d'après l'usage ordinaire des Latins, se rapporte à ce qui suit : elle doit signifier simplement que les *sodalicia consortia* des druides étaient une organisation semblable à celle qu'avait établie Pythagore, il est peu probable qu'elle détermine l'ensemble de la phrase. Sur l'origine de la doctrine druidique, nous devons donc nous en tenir à l'opinion rapportée par César et d'après laquelle l'enseignement des druides venait de Grande-Bretagne [146]. Il aurait été apporté sur le continent par les Celtes d'outre-mer qui, d'après une tradition druidique rapportée par Ammien Marcellin, citant Timagène, constituaient une partie importante de la population de la Gaule ; les druides rapportent qu'en réalité une partie du Peuple est indigène, mais qu'il s'y est jouté d'autres éléments provenant des îles extrêmes et des contrées au-delà du Rhin : *Drasidae memorant revera fuisse populi partem indigenam, sed alios quoque ab insulis extrimis confluxisse et tractibus transrhenanis* [147].

L'enseignement druidique, qui fut en grande faveur tant que la Gaule resta indépendante, ne survécut pas longtemps à la conquête. Un sénatus-consulte, sous le règne de Tibère, supprima les druides, *sustulit Druidas* [148]. Officiellement supprimés, les druides pendant quelque temps continuèrent à enseigner dans les forêts. L'ouverture des écoles romaines d'Autun [149], de Lyon et de Bordeaux leur enleva la clientèle des jeunes nobles Gaulois.

Chez les Irlandais, les druides sont entourés de nombreux disciples. Cathbad avait auprès de lui cent hommes qui sous sa direction apprenaient le druidisme, *druidecht.* Dans une des légendes hagiographiques rattachées à la vie de saint Patrice, deux druides sont chargés de l'éducation des. deux

---

145 *Histoire romaine,* XV, 9, 8.
146 *De Bello Gallico,* VI, 13, II.
147 *Histoire romaine,* XV, 9.
148 Pline, *Histoire naturelle,* XXX, 4.
149 Tacite, *Annales,* III, 43.

filles du roi Loégairé. En quoi consistait l'enseignement druidique ? Une glose du *Senchus Mor*, recueil de jurisprudence irlandaise, nous apprend que les druides irlandais disaient que c'étaient eux qui avaient fait le ciel, la terre, la mer, le soleil, la lune, etc., et il est possible que ce soit là le dernier mot de cette cosmogonie druidique dont, sans la connaître, on s'est plu à vanter la profondeur scientifique. De plus, les druides enseignaient la magie, et les seuls écrits que la légende leur attribue sont des caractères oghamiques gravés, sur quatre baguettes d'if qui servaient à des pratiques de divination. Quant la doctrine de l'immortalité de l'âme, qui était généralement admise en Irlande avant le christianisme, il ne semble pas qu'elle fût spécialement enseignée par les druides irlandais [150].

Les druides sont réputés les plus justes des hommes [151]. Aussi les fait-on juges des contestations publiques et privées. S'il y a eu un crime de commis, si un meurtre a eu lieu, si l'on se dispute à propos d'héritage ou de limites, ce sont eux qui décident, et qui déterminent les amendes et les châtiments. Si un particulier ou un homme public ne veut pas s'en tenir à leur sentence, ils lui interdisent les sacrifices. C'est là le châtiment le plus grave chez eux ; ceux auxquels a été faite cette interdiction sont mis au nombre des impies et des criminels ; tout le monde s'écarte d'eux, on fuit leur approche et leur conversation pour ne pas recevoir quelque dommage de leur contact ; s'ils déposent une plainte, on ne leur rend pas la justice et ils n'ont part à aucune charge. A une époque déterminée de l'année, les druides se réunissent sur le territoire des Carnutes, dans un endroit consacré. Là, de toute part s'assemblent ceux qui ont des procès, et ils obéissent à leurs jugements et à leurs décrets [152].

M. d'Arbois de Jubainville [153] a fait remarquer qu'il était naturellement impossible que les druides connussent de toutes les contestations publiques ou privées qui s'élevaient en Gaule. De plus, aucune des contestations entre Gaulois qui sont mentionnées dans le *De bello Gallico* n'est soumise au jugement des druides. Il est probable que César, reproduisant des textes plus anciens, parle ainsi d'un état social qui n'existait déjà plus à l'époque

---

[150] H. d'Arbois de Jubainville, *Cours de littérature celtique*, t. I, p. 165-189.
[151] Strabon, IV, 4, 4.
[152] César, *De Bello Gallico*, VI, 13. Cf. Diodore, V, 31, 5, et Strabon, IV, 4, 4.
[153] *Revue celtique*, t. VIII, p. 519-525.

de la conquête des Gaules. On peut d'ailleurs faire remarquer que la juridiction des druides n'était pas obligatoire et qu'il n'y avait sans doute à se rendre une fois l'an à l'assemblée tenue sur le territoire des Carnutes que les plaideurs qui n'avaient pu s'accorder par aucun autre moyen. Toujours est-il que rien de semblable n'a été signalé en Irlande, et que ce sont les *filé* et non les druides qui interviennent dans les causes judiciaires.

Le rôle politique des druides dans l'ancienne Gaule nous est peu connu ; c'est seulement chez Dion Chrysostome que nous trouvons exprimée l'assertion que les rois ne peuvent rien décider sans les druides et qu'il serait juste de dire que ce sont eux qui commandent et que ces rois assis sur des trônes d'or, habitant de magnifiques demeures, sont leurs ministres et les serviteurs de leur pensée [154]. Est-ce d'une élection par les druides qu'il s'agit dans le passage où César nous parle de l'accession au pouvoir de *Convictolitavis* nommé selon l'usage de la cité par les prêtres, *per sacerdotes more civitatis* [155] ? N'est-ce pas à leur pouvoir moral plutôt qu'à leur pouvoir politique que les druides doivent d'avoir une grande autorité dans les affaires de la paix, aussi bien que dans celles de la guerre, et de pouvoir apaiser deux armées sur le point d'en venir aux mains en se jetant au milieu des combattants [156] ? Rien ne vient confirmer pour l'époque ancienne l'assertion de Dion Chrysostome. Si les druides avaient une influence politique, elle était sans doute due à leur situation personnelle et ne constituait pas un privilège de leurs fonctions. Diviciacus, dans les nombreux incidents de sa carrière politique, use si peu de sa qualité de druide qu'il semble que César ait ignoré qu'il l'était.

Le meilleur commentaire du texte de Dion Chrysostome se trouve dans une épopée irlandaise intitulée *l'Enlèvement des vaches de Cualngé*. Cûchulainn le héros d'Ulster, après avoir essayé de repousser à lui tout seul l'invasion, des hommes de Connaught, est grièvement blessé ; il se voit, alors forcé d'envoyer prévenir le roi Conchobar et l'armée des Ulates du danger qui les menace. Le messager arrive en vue de la forteresse et s'écrie. « On tue, les hommes, on enlève les femmes, on emmène les vaches, ô habitants d'Ulster ! » Mais il n'obtient pas de réponse. Il va sous les murs de

---

[154] *Discours*, XLIX.
[155] *De Bello Gallico*, VII, 33.
[156] Diodore de Sicile, V, 31, 5.

la forteresse et renouvelle son appel : « On tue les hommes, on enlève les femmes, on emmène les vaches, ô habitants d'Ulster ! » Et personne ne lui répond. Alors, il s'avance encore ; il s'arrête sur la pierre des hôtes dans la forteresse, et il répète : « On tue les hommes, on enlève les femmes, on emmène les vaches ! », Et c'est alors seulement que le druide Cathbad ouvre la bouche : « Qui donc tue les hommes, qui enlève les femmes, qui emmène les vaches ? » Car, explique le narrateur, telle était la règle en Ulster : défense aux Ulates de parler avant le roi, défense au roi de parler avant son druide [157].

Un des sujets qui ont le plus passionné ceux qui, en l'absence de renseignements suffisants, essayaient de restituer le druidisme à l'aide des seules ressources de leur imagination est celui des druidesses. Velléda, qui a donné son nom à une des figures les plus dramatiques des *Martyrs* de Chateaubriand, est une prophétesse de Germanie [158]. Mais le géographe romain [159] Pomponius Méla nous parle des prêtresses de l'île de Sein, dans la mer de Bretagne en face des rivages des *Osismii*. Elles ont fait vœu de virginité perpétuelle ; elles sont au nombre de neuf. On les appelle Barrigenae ; on les croit douées de talents singuliers ; elles excitent par leurs chants la mer et les vagues, elles se changent en animal à leur volonté, elles guérissent des maux qui sont inguérissables chez d'autres ; elles connaissent l'avenir et le prédisent aux navigateurs lorsqu'ils viennent les consulter.

Il semble bien que cette histoire ne soit qu'un résumé de quelque récit fabuleux comprenant beaucoup d'éléments empruntés à l'histoire de Circé [160]. Remarquons de plus que le nom de druidesse n'y est pas prononcé. Si nous n'acceptons qu'avec réserve le témoignage de Méla sur les vierges de Sein, nous ne trouvons qu'au IIIe siècle en Gaule des prophétesses appelées *dryades*. L'une aurait prédit en gaulois à Alexandre Sévère sa fin prochaine [161]. L'empereur Aurélien avait consulté des prophétesses gauloises, *Gallicanas Dryadas*, sur l'avenir de sa postérité [162]. Une de ces

---

[157] H. d'Arbois de Jubainville, *Introduction à l'étude de la littérature celtique*, t. I, p. 190 et suiv.
[158] Tacite, *Histoires*, IV, 61, 65 ; V, 22, 24.
[159] *Chorographia*, III, 6. Cf. Strabon, IV, 4, 6.
[160] S. Reinach, *Revue celtique*, t. XVIII, p. 1-8.
[161] Lampride, *Alexandre Sévère*, 60.
[162] Vopiscus, *Aurélien*, 44.

femmes aurait promis l'empire à Dioclétien ([163]). Cette dernière était une aubergiste de Tongres. Les druidesses gauloises, si tant est qu'il y en ait eu, n'étaient plus à cette époque que de simples diseuses de bonne aventure.

Chez les Irlandais, il n'y a pas de druidesses, mais seulement des *ban-filé* qui comme les *filé* étaient à la fois devineresses et poétesses ([164]).

Une question importante, et dont l'étude constitue la principale originalité du livre d'Alexandre Bertrand sur la religion des Gaulois, est l'organisation intérieure du corps druidique. César nous dit seulement que les druides ont un chef qui a sur eux l'autorité suprême ([165]). Ce chef, à sa mort, est remplacé par le plus digne et si plusieurs compétiteurs ont des titres égaux le successeur est élu par les suffrages des druides. Quelquefois même on se dispute les armes à la main cette dignité suprême. Le texte d'Ammien Marcelin cité plus haut parle incidemment des associations corporatives des druides produites sous l'inspiration des idées pythagoriciennes : *inter eos drasidae ingeniis celsiores, ut auctoritas Pythagorae decrevit, sodaliciis adstricti consortiis* ([166])...

En Irlande, il n'est question ni d'un chef suprême, ni d'une hiérarchie, ni de corporations druidiques. Les druides agissent isolément ou par deux ou trois. Ils sont mariés et vivent en famille chacun dans leur maison. Dans une *Vie de saint Patrice* on lit qu'un jour dix druides vêtus de blanc se réunirent contre l'apôtre de l'Irlande ; rien n'indique que ces druides constituassent une association ([167]). A. Bertrand rapprochant le texte d'Ammien Marcellin de l'organisation actuelle des lamaseries du Thibet a supposé que les affiliés du plus haut grades les druides, étaient astreints à vivre en communautés, entourés de leurs disciples et des membres inférieurs de la corporation. Une pareille organisation entraînait de toute nécessité l'établissement de grands centres d'habitation. Comme les lamaseries de la Tartarie et du Thibet, ces espèces d'oasis religieuses auraient été le dépôt de vieilles traditions médicales et industrielles et un centre des lois civiles. Il y aurait eu dans ces communautés le mélange de doctrines d'un sentiment religieux et moral très élevé, source d'une vie cénobitique des plus sévères, avec des superstitions grossières, des pratiques barbares, un charlatanisme révoltant

---

[163] Vopiscus, *Numérien*, 14.
[164] H. d'Arbois de Jubainville, *Cours de littérature celtique*, t. VI, p. 92-93.
[165] *De Bello Gallico*, VI, 13.
[166] *Histoire romaine*, XV, 9, 8.
[167] H. d'Arbois de Jubainville, *Cours de littérature celtique*, t. VI, p. 106-108, 112-113.

dont les chefs des lamaseries ont parfaitement conscience tout en se sentant impuissants à les détruire. Enfin, de telles communautés auraient représenté en petit toute une société prêtres, professeurs architectes, artistes, musiciens, médecins, missionnaires[168]. Les grands monastères d'Irlande, d'Écosse et d'Angleterre qui semblent sortir de terre spontanément à une époque où la Gaule n'en possède pas encore, ne seraient que des communautés druidiques transformées par le christianisme. A. Bertrand remarque que dans ces monastères ce n'est pas la religion, ce sont les sciences, les lettres, ce qu'enseignaient autrefois les druides, qui sont surtout florissantes ; on y sait non seulement le latin, mais le grec ; on y calligraphie avec un art qui n'a jamais été dépassé[169].

Cette ingénieuse hypothèse mérite d'être étudiée de près. En pareille matière, on ne peut arriver à la certitude. Il suffit qu'une hypothèse réunisse un certain nombre de probabilités pour qu'elle doive être retenue.

Une première question se pose. Le texte d'Ammien Marcellin a-t-il bien le sens que lui donne A. Bertrand ?

Le sens de *sodalicius* n'est pas douteux. Il signifie « relatif à une corporation » ; les *sodalicia* sont le plus souvent des corporations religieuses, mais le mot désigne aussi des corporations d'artisans ; en tout cas, il ne signifie point communautés. Quant à *consortium* il est difficile de déterminer si ce mot est pris au sens restreint ou au sens large, car il n'est pas employé dans un autre passage d'Ammien Marcellin et en eût-on d'autre exemple chez le même auteur, qu'on ne saurait prétendre qu'il y fût toujours employé dans le même sens. Au sens restreint, consortium se dit de la communauté de biens ; il est employé ainsi par Ulpien au *Digeste*, XVII, 2, 52, et par Suétone (*Claude*, 28). Mais au sens large il signifie simplement communauté au figuré, participation à, *consortium reipublicae* chez Tite-Live, *consortium regni* chez Tacite (*Annales*, IV, 3) ; *consortium studiorum* chez Pétrone (*Satyricon*, 101). S'il faut entendre dans la phrase d'Ammien Marcellin le mot *consortium* au sens restreint, on pourra peut-être donner à l'expression *consortiis sodaliciis* le sens d'associations cénobitiques. Si *consortium* est pris dans l'acception la plus large, *consortiis sodaliciis* ne signifie pas autre chose

---

[168] A. Bertrand, *La religion des Gaulois*, p. 310-311.
[169] A. Bertrand, *La Religion des Gaulois*, p. 280.

qu'associations corporatives, collèges, plus ou moins analogues aux collèges sacerdotaux des Romains.

On ne peut donc tirer une conclusion claire de ce texte obscur. Les raisons qu'on pourrait opposer directement à la thèse de A. Bertrand sont surtout négatives. Comment se fait-il que si les druides ont une organisation si remarquable et si étonnante pour un Romain, César n'en ait rien dit? On pourrait répondre que César n'a raconté avec soin et précision que ses campagnes et qu'il a peu étudié les mœurs et les coutumes des Gaulois. Mais il nous donne sur les druides assez de détails pour qu'on ne puisse supposer qu'il n'aurait pas mentionné le fait le plus caractéristique et le plus original de l'organisation druidique, d'autant qu'il nous fournit quelques renseignements sur la hiérarchie des druides. De plus, comment concilier l'hypothèse de druides vivant en communauté avec ce que nous savons de la vie du druide Diviciacus, qui est marié, a des enfants, prend part aux affaires publiques et même aux expéditions guerrières?

Quant aux monastères celtiques, il est fort douteux qu'ils aient remplacé des communautés druidiques. Les premiers apôtres de l'Irlande avaient pris à tâche de faire disparaître toute trace de l'ancienne religion. Saint Patrice exigea des *filé* qu'ils renonçassent à toute pratique qui ne pourrait s'exécuter sans un sacrifice aux faux dieux. La prière de Nininé dit que Patrice combattit les druides au cœur dur et écrasa ces orgueilleux. Dans une prière qui lui est attribuée, Patrice prie Dieu de le protéger contre les incantations des druides [170]. D'autre part, M. d'Arbois de Jubainville a fait remarquer que le premier monastère de Gaule fut fondé en 387 et qu'il y avait déjà plusieurs monastères en Gaule quand furent établis, au VIᵉ siècle, les premiers monastères irlandais [171]. Enfin, nous ne savons rien de précis sur l'enseignement des druides. Dans les affaires publiques et privées, ils se servaient de lettres grecques. Mais faut-il croire qu'ils enseignaient le grec? Et même qu'ils enseignaient le latin? Le succès qu'eurent en Gaule les écoles romaines semble démontrer le contraire. Leur enseignement était oral et s'adressait à la mémoire. Il n'était pas permis de confier à l'écriture les vers où était contenue leur science. Il est très peu probable que la calligraphie fût en honneur chez eux. Aucun document historique ne vient

---

[170] H. d'Arbois de Jubainville, *Cours de littérature celtique*, t. I, p. 158, 159, 136.
[171] H. d'Arbois de Jubainville, *Cours de littérature celtique*, t. VI, p. 108-110.

fortifier la séduisante hypothèse de A. Bertrand, en ce qui concerne la Gaule et l'Irlande. Le fait que les moines irlandais ont orné de miniatures remarquables les manuscrits, le fait qu'ils ont ajouté des gloses à un grand nombre de textes latins et même grecs témoigne de la culture littéraire et artistique de ces moines, et ne saurait fournir d'argument à qui voudrait démontrer que les druides étaient des littérateurs et des artistes.

CONCLUSION

Essayons maintenant de grouper ici les résultats que donne cette revue rapide des principaux éléments de la religion des Celtes.

Des dieux nous ignorons à peu près tout ; à l'époque ancienne, nous ne connaissons que les assimilations sans doute superficielles que nous en ont rapportées les écrivains grecs et latins ; à l'époque gallo-romaine, quelques surnoms celtiques des divinités locales nous font entrevoir un panthéon gaulois très différent de celui dont les auteurs de l'antiquité nous avaient donné l'idée ; les compositions romanesques et mythiques du haut Moyen Age irlandais remaniées par des rédacteurs chrétiens mettent en scène des héros nationaux, des magiciens ou des sorciers en qui l'on a quelque peine à reconnaître les personnifications des forces naturelles ou morales auxquelles les anciens Celtes auraient rendu un culte.

Égarés dans ce labyrinthe d'idées et de faits appartenant à des temps et à des peuples différents, nous n'avons comme fil conducteur que la linguistique. Seule, cette science peut nous dire quelles divinités portent des noms celtiques, quelles autres sont d'origine étrangère. Mais qui nous dira quelles sont les divinités étrangères, quelles sont les croyances et les pratiques que les Celtes ont empruntées aux peuples vaincus ; quelles sont celles qu'ils ont conservées, quelles sont celles qu'ils ont modifiées par une interprétation nouvelle ?

Pour les anciens, les caractéristiques de la religion gauloise sont la croyance à l'immortalité de l'âme et les sacrifices humains. Or, la croyance à une vie nouvelle après la mort, loin d'être le résultat des méditations des philosophes de la Grande-Bretagne est une doctrine indo-européenne que l'on trouve déjà dans les Vedas, les druides n'ont eu qu'à la répandre dans le peuple pour lui donner le mépris de la mort et exalter sa bravoure. Quant aux sacrifices humains que l'on constate au même stade de développement chez tous les peuples dont nous pouvons étudier l'ancienne histoire, ils ne constituent pas une coutume religieuse qui soit propre aux Celtes.

La seule originalité de la religion des Celtes serait donc cette corporation étrange de philosophes spiritualistes, de physiciens et de naturalistes, que l'on appelle les druides. Sans avoir rien qui ressemble à des fonctions officielles, ils occupent une grande place dans l'État. L'enseignement de la jeunesse noble leur appartient. On les prend pour arbitres dans la plupart des contestations publiques ou privées. On ne peut se passer de leur présence lorsqu'on offre un sacrifice aux dieux, car ils sont les interprètes naturels des pratiques religieuses ; ils peuvent prédire l'avenir ; ils connaissent les vertus merveilleuses des plantes. D'autre part, ils se recrutent par une sorte de cooptation. Ils sont unis entre eux par des liens étroits, puisqu'ils ont un même chef élu par eux.

Le druidisme est-il dans l'antiquité une institution isolée dont l'analogue n'existe point ? Il semble bien que chez les Gètes il ait existé quelque chose de semblable. Jornandès, citant les *Gétiques* attribuées à Dion Cassius, nous dit que Philippe de Macédoine ayant envahi la Mésie, quelques prêtres, de ceux que les Gètes nomment *pu*, vêtus de robes blanches, les harpes à la main, s'avancèrent à la rencontre de l'ennemi, en chantant d'une voix suppliante des hymnes en l'honneur des divinités protectrices de la nation. Et les Macédoniens troublés par l'apparition de ces hommes sans armes firent la paix et retournèrent chez eux ([172]). Cette intervention des prêtres gétiques rappelle le texte de Diodore qui nous montre les bardes ou les druides apaisant deux armées en présence et se jetant au milieu des épées tirées et des lances en arrêt.

Strabon nous apprend qu'un ancien esclave de Pythagore, un Gète nommé Zamolxis, revenu chez ses compatriotes, y attira l'attention des chefs par les prédictions qu'il savait tirer des phénomènes célestes et finit par persuader à un roi de l'associer à son pouvoir. Un des successeurs de Zamolxis, Dicaineos, enseigna aux Gètes l'éthique et la logique ; il leur apprit les noms et la marche des astres, les propriétés des herbes, et par sa science leur inspira une telle admiration qu'il commandait non seulement aux hommes d'un rang modeste, mais aux rois eux-mêmes. En effet, choisissant dans les familles royales des hommes à l'âme noble et à l'esprit sage,

---

[172] *Histoire des Goths*, 10 ; A. Bertrand, p. 293-294.

il leur persuada de se vouer au culte de certaines divinités et d'en honorer les sanctuaires ([173]).

La corporation religieuse établie chez les Gètes par Dicaineos, l'enseignement qu'il donnait, la mission civilisatrice qu'il remplit, tous ces faits sont-ils comparables aux collèges druidiques, à leur doctrine philosophique, à leur rôle social? Nous ne pouvons l'affirmer. Comme le druidisme, la doctrine de Zamolxis a été rattachée par les anciens à l'influence de Pythagore. Y aurait-il eu une diffusion chez les peuples les plus divers des doctrines pythagoriciennes, ou la doctrine de Pythagore ne serait-elle qu'un aspect particulier d'un grand mouvement d'idées qui aurait pénétré le monde civilisé six siècles avant l'ère chrétienne?

Que la doctrine des druides fût ou non d'origine étrangère, elle était distincte, semble-t-il, des pratiques religieuses fort nombreuses auxquelles s'adonnaient les Gaulois, *gens admodum dedita religionibus*. En tout cas, ces pratiques religieuses n'avaient pas été apportées par les druides qui se bornaient à les interpréter, à leur trouver sans doute un sens symbolique. Les doctrines druidiques venues de la Grande-Bretagne étaient-elles en Gaule d'introduction récente au moment de la conquête romaine, et, réservées à un petit nombre de privilégiés, s'étaient-elles juxtaposées à l'ancienne religion de la Gaule sans la modifier essentiellement? La religion répandue en Gaule dans le peuple était-elle la religion de ceux qui habitaient notre pays antérieurement à l'invasion gauloise et qui auraient donné à leurs vainqueurs leurs croyances religieuses? Si la *plebs* dont parle César est formée des anciens vaincus, tandis que les *equites* et les *druides* seuls sont de race celtique et s'il est vrai que la plupart des enfants des *equites* fussent élevés dans le druidisme, quels étaient alors les adorateurs de ces divinités celtiques que les Grecs et les Romains ont assimilées à leurs dieux? Autant de problèmes que le manque de textes historiques empêche de résoudre.

Ainsi, les renseignements précis sur les divinités celtiques nous font défaut, et il nous est impossible de déterminer avec sûreté l'origine des coutumes religieuses des Celtes, ainsi que la part d'originalité qui leur revient dans les conceptions sanguinaires ou spiritualistes auxquelles on a attaché leur nom. Mais ce dont nous pouvons être sûrs, c'est que dans les usages

---

[173] Strabon, VII, 3, 5; A. Bertrand, p. 292-295.

traditionnels et les superstitions locales de notre pays, il en est qui remontent à l'époque des Gaulois. Le culte des pierres, le culte du feu, la croyance aux vertus merveilleuses des plantes, le culte des eaux sont sans doute antérieurs à l'arrivée des Celtes. Saurons-nous jamais quels éléments nouveaux les Celtes y ont introduit ? Si l'on parvient à dater les faits, on peut moins facilement dater les idées qui s'échangent et se modifient sans cesse : depuis qu'il y a des habitants en Gaule, les idées religieuses se sont perpétuellement transformées sans qu'on ait toujours fait table rase des anciennes croyances pour en adopter de nouvelles ; des symboles représentés sur des statues gréco-romaines des superstitions encore vivantes de nos jours peuvent atteindre aux premiers âges de l'humanité. Malheureusement, dans ce cimetière des religions passées, les inscriptions sont frustes, les tombes sont vides, les fosses bouleversées et nous ne savons rien, sinon que nous marchons sur la poussière des morts.

Table des matières

Avant-propos. 4

Chapitre I
LES SOURCES
Auteurs grecs et latins — Inscriptions — Monuments figurés —
Monnaies — Noms de lieu — Littérature irlandaise — Littérature galloise
— Néo-druidisme 5

Chapitre II
LES DIEUX
Les divinités assimilées chez les écrivains de l'antiquité et dans les inscriptions
gallo-romaines Les divinités à nom celtique — Les monuments figurés
— Les Triades — Signes symboliques 11

Chapitre III
LES PRATIQUES ET LES CROYANCES RELIGIEUSES
La divination — Les animaux sacrés, — Les arbres et les plantes — Les
bois sacrés — Les temples — Les statues — Les prières — Les libations
— Les sacrifices humains — La croyance à l'immortalité de l'âme — L'autre
monde — L'Élysée des Celtes d'Irlande 24

Chapitre IV
LES DRUIDES ET LE DRUIDISME
Noms des druides — Les prêtres gaulois — Attributions religieuses des
druides — Leur enseignement — Leur rôle judiciaire — Leur rôle
politique — Les druidesses — Les collèges des druides — L'hypothèse de
A. Bertrand 33

Conclusion. 48